현대신서
2

# 의지, 의무, 자유
## 주제별 논술

루이 밀레

프랑스 철학교수 자격취득, 문학박사, 대학교수

이대희 옮김

東文選

# 의지, 의무, 자유

## 주제별 논술

Louis Millet
Volonté, devoir, liberté
thèmes et sujets

© Presses Universitaires de France, 1997

This edition was published by arrangement
with Presses Universitaires de France, Paris
through Imprima Korea Agency, Seoul

차 례

# 1 의지의 문제

주제 1: 충동과 성격은 우리를 결정하는가? ---- 14
   1. 성향, 충동, 욕망 ---- 16
   2. 내면의 결정에 관한 문제 ---- 21
   3. 스스로 결정하기 ---- 28

주제 2: 홀로 행동할 수 있는가? ---- 36
   1. 스스로 홀로 행동하기 ---- 37
   2. 함께 행동하기 ---- 40
   3. 책임 있는 행동 ---- 43

주제 3: 권력의지는 의지의 최고 형태인가? ---- 49
   1. 지배 ---- 50
   2. 권력의지 ---- 52
   3. 최고의 의지력 ---- 56

# 2 의무의 문제

주제 1: 도덕법칙의 의무에 복종하면서도 자유로울 수 있는가? ---- 67
   1. 도덕법칙, '정언적 명령' ---- 69
   2. 의무와 자유 ---- 73
   3. 도덕법칙인가, 선인가? ---- 76

주제 2: 충실한 채로 있으면서 자유로울 수 있는가? ---- 83
   1. 충실하기 ---- 85

2. 자유와 불충실 ---------- 89

  3. 충실과 신뢰 ---------- 93

주제 3: 사람들은 자신의 의무를 수행할 능력이 늘 있는가? ---------- 99

  1. 자신의 의무를 알기 ---------- 101

  2. 의무를 수행하기 ---------- 105

  3. 의무를 넘어선 능력? ---------- 108

# 3 자유의 문제

주제 1: 위급하고 불확실할 때 어떤 능력이 우리에게 남아 있는가? ------ 123

  1. '내 행동에 있어서 내가 할 수 있는 한 가장 단호하고 가장 확고하기' ---------- 125

  2. 그들은 그 숲 속에서 무엇을 하려고 했을까? ---------- 129

  3. 위험을 감수할 수 있기 ---------- 133

주제 2: '자아를 실현하다' 라는 표현은 무엇을 뜻하는가? ---------- 138

  1. '자신의 본성에 순응하기'는 무엇인가? ---------- 139

  2. '무상 행위' 속에서 자아를 실현하기? ---------- 142

  3. '만들기, 그리고 만들면서 만들어지기' ---------- 146

주제 3: 절대적으로 확정적인 선택이 있는가? ---------- 151

  1. 선택하기 ---------- 152

  2. 확정적으로 선(善) 안에서 존재하기? ---------- 156

  3. 자유의지 ---------- 159

결 론 ---------- 165
용어집 ---------- 169

# 1

# 의지의 문제

  원한다는 것(의지)은 우선 바란다는 것인데, 그런 상태에서는 우리 내부에서 하나의 약동이 일어난다. 그것은 우리 존재의 본성에서 나오는 것인가? 또는 우리의 마음을 사로잡는 어떤 대상에서 나오는 것인가? 우리는 우리 스스로가 원한다고 흔히 믿지만, 사실은 유행을 따르거나 우리 자신이 깨닫지 못하는 사회의 영향을 아주 깊이 받고 있다. 그것은 '의식되지 않은 교육,' '**기생적 자아**'(베르그송, 《의식의 직접적 소여에 관한 시론》)라고 할 수 있고, "**많은 사람들은 진정한 자유를 모른 채 살다가 죽는다.**"(같은 책) 이끌려다닌다는 것은 진정으로 원하는 것이 아니다. 의지의 개념은, 개인적인 욕망이라는 관념과 '심층적 자아'의 성향이라는 관념을 내포한다. 베르그송은 그래서 우리의 근원적인 인격을 우리의 고유한 경험이 '융합(또는 통합)'된 결과라고 지적한다.(같은 책) 우리가 경험하는 일련의 '기생적' 요소가 이러한 자아를 마치 뒤덮고 있는 것처럼 보인다. 그것은 사회의 관행이 되어 버린 영향('표층적 자아,' 같은 책), 즉 감지하지 못하는 압력이다. 왜냐하면 각자는 분명하고 강력한 강요가 의지와 대립된다는 것을 알기 때문이다. "힘에 굴복하는 것은 필요에 따른 행위이지 의지에 따른 행위는 아니다. 그것은 기껏해야 신중을 기한 행위일 뿐이다."(루소, 《사회계약론》) 숲 속에서 만난 강도가 지갑을 내놓으라고 강압한다면, 이때 강요로 취해진 결심은 가치가 없는 것으로 취급된다.

그러나 교묘하게 감추어진 압력의 형태는 오늘날 선전의 힘 때문에 무수하게 많은데, 이러한 형태 역시 항상 쉽게 나타나지는 않지만 강요이다. 이런 식으로 플라톤(《국가》)이 묘사한, 사슬로 묶여 그림자 방향으로만 위치해 있고 메아리밖에는 못 듣는 동굴의 죄수들은 자신들도 모르는 사이에 사실에 대해 무지한 상태에 놓이게 되고, 듣는 것만 반복하고 보는 것에만 사로잡히게 된다. 그들 죄수들로부터 사실은 멀리 달아나 버린다.

오늘날 20세기 역사는 아직도 이 유명한 비유를 확인시켜 주고 있는데, 사람들은 이끌려다님에도 불구하고 자신 스스로 행동한다고 믿는다. '두꺼운 껍질' 하나가 우리의 개인적인 감정을 감싸고 있는 것이다. 그러나 반발이 발생할 수도 있다.(베르그송, 같은 책)

베르그송은 이 의지의 반발을 다음과 같이 설명하고 있다. "표면으로 올라오는 것은 저 깊은 곳의 자아이고, 견딜 수 없는 압박에 굴복하면서 깨어지는 것은 외부의 껍질이다."(같은 책) 이렇게 해서 "우리는 자유로워진다." 왜냐하면 우리의 행위는 전적으로 우리의 인격에서 발현된 것이고, 우리의 행위와 인격 사이에는 예술가와 작품 사이에서 흔히 발견되는 막연한 유사성이 있기 때문이다. 아마도 우리는 '우리 성격의 강력한 영향'에 굴복당했다고 말할 수 있을지도 모른다. 그러나 "우리의 성격은 역시 우리 자신이다."(같은 책)

베르그송의 이러한 설명은 우리가 우리 자신 속에서 확인하는 것과 일치한다. 우리는 다양한 사회의 지나친 압력에 반발하기도 하여, 때로는 내면적인 거부 운동이 우리에게서 일어난다. **우리는 우리 자신이 되기를 원하고**, 우리 스스로에 의해 행동하기를 원하며, '군중'이나 집단적인 움직임에 따르기를 원치 않는다. 그런데 여기에서 자아에 대한 비판은 **철학적인 첫번째 문제**를 제기하는데, 그것은 다음과 같은 질문으로 표현된다. 자아의 내부에서 분출하여, 사회에 대한 순응적인 태도의 껍질을 깨는 것은 강요의 한 형태가 아닌가? 베르그송은 이러한 약동의 원천을 지적하기 위해 '성격'이라는 단어를 사용하였다. 그러나 종종 어떤 사람들은 '성격론'으로 인간이 어떻게 행동하는가를 알 수 있다고 믿는다. 더욱이 일반적으로 여러 분파의 정신분석학에서는 '충동'이 우리를 결정하는 힘이라고 하는 것 같다. 다시 말하자면 우리의 내면에 숨겨진 인과관계가 있어서, 우리들의 행위는 단순히 그 결과에 불과한 것일까? (주제 1: **충동과 성격은 우리를 결정하는가?**)

인문과학의 업적들을 검토해 보면, 이 문제의 복잡성을 발견하게 된다. 한편에는 다니엘 라가쉬가 《심리학의 단일성》에서 설명하고 있는 것처럼 인간을 단순한 동물로 환원시키는 '자연주의자들'의 입장이 있는가 하면, 다른 한편에는 르네 르 센느나 가스통 베르제·다니엘 라가쉬와 같은 철학자들이나 디디에 앙지외와 같은 정신병리학자들의 설명처럼 보다 세련된 설명들도 있다. 그래서 '결정하다(déterminer)'라는 단어의 모호함을 확인할 수 있다. 진정으로 자기 스스로가 원할 수 있는 가능성은 종종 무시되고 있지만, 그래도 열린 채로 있다. 원한다는 것은 목표를 설정하는 것이고, 그 목표를 실현할 수단을 추구하는 것이다. 아마도 베르그송이 설명한 내면의 약동은 가끔씩은 아주 강력한 것이어서, 우리는 이 약동에 이끌려 쉽게 성공할 수도 있다. 그러나 대개의 경우에 장애물이나 반대·피로 등, **예측하지 못한 수많은 것들이 우리가 헤쳐 나가기를 원하는 길에서 나타난다**. 어떻게 해야 할 것인가? 자신의 의지를 극단적으로 고집해야 할 것인가? 의지적인 주체는 스토아 철학의 역동적 핵심인 이 토노스(tonos; 내면의 긴장), 즉 이 열망에 의해 지혜의 이상을 실현할 것이다. 그런데 스토아 학파의 거장들은 수세기 동안 이러한 현인이 존재하는가라는 문제에 매달려 있었다. "수세기 동안 구해 온 그를 어디에서 찾을 것인가?"(세네카) 진정한 행동인, 즉 순수하게 의지적인 인간은 홀로 행위한다고 사람들은 흔히 믿는다. 그러나 그것은 가능한가? 그렇게 하기 위해서는 '세계'와 친구들과 단절해야만 하는가? (주제 2: **홀로 행동할 수 있는가?**)

우리는 지금까지 그리스 시대(플라톤과 아리스토텔레스)로부터 17세기(데카르트)까지, 그리고 현재(베르그송과 알랭)에 이르기까지 제기되어 왔던 의지의 고전적인 개념을 살펴보았다. 그러나 이러한 입장은 어쩌면 **의지의 존재**, 즉 의지의 **입증력·헌신력·창조력을 무시하는 것이 아닌가?**

따라서 우리는 '권력의지'라는 니체의 관념에 도달하게 된다. 이러한 관점은 의지에 관한 통상적인 개념이 너무 취약하기 때문에 제외시키고, 궁극적인 문제 즉 순수하고 극단적인 형태로서의 의지의 문제를 제기한다. (주제 3: **권력의지는 의지의 최고 형태인가?**)

왜냐하면 의지는 약할 수가 없기 때문이다. 싸우고 파괴하기 위해서가 아니라 만들기 위해 **의지는 과감히 직면한다.** 이러한 의미에서 의지는 일종의 창조력이 있다. "만들고, 만들면서, 만들어진다"라고 쥘 르키에는 말하였다. (세번째 문제의 주제 2: **'자아를 실현하다'라는 표현은 무엇을 뜻하는가를** 참고하라.) 지성과 함께 의지로 인해 인간은 다른 동물과 본질적으로 구별된다. **인간은 진정으로 원한다면 원하는 것이 무엇인지를 안다.** '자신이 무엇을 하는지 모르는' 사람들은, 자기 행동의 결과를 확인하고 나서 "원했던 것은 이것이 아닌데……"라고 말한다. 그러나 사실 원하기는 했던가?

주제 1

# 충동과 성격은 우리를 결정하는가?

어떤 강요 아래 있지 않는 한, 우리는 우리가 원하는 것을 한다고 통상적으로 믿는다. 강요는 우리에게 부과된 외부의 힘이고, 그로 인해 우리는 우리에게 강요된 행위를 정확하게 이행한다.

그렇다면 진정으로 자유롭기 위해서는 폭력의 위협만 없으면 충분한가? 우리가 느끼는 자유에 대한 인상은 우리 존재의 심층적 실재와 일치하는가? 스피노자는 다음과 같이 지적하였다. "술이 깨고 나면 말하지 않았어야 할 것을, 술 취한 사람은 자유로운 정신력으로 말한다고 믿는다······. 많은 사람들은 말하고 싶은 욕구를 자제할 수 없을 때 자유로운 정신력으로 말한다고 믿는다."(《윤리학》) 그래서 "사람들은 자신의 행동을 결정하는 원인을 모르고서도, 자신의 행동을 인식하고 있기 때문에 자신이 자유롭다고 믿는다."(같은 책) 우리는 우리가 원하는 대로 행동하는 것이라고 판단할 때 우리 눈에는 감추어진, **내면에서 분출하는 비밀스러운 힘**을 소크라테스와 플라톤 이래 철학자들은 강조해 왔다. 술에 취한 사람은 "내가 원하는 것을 나는 자유롭게 한다"라고 선언하지만, 그후 상황에 따라 또는 후회하면서 반성해 보고 나서, 그는 "어쩔 수가 없었어"라고 말할 것이다. 이것은 특수한 예이지만 다른 많은 경우에도 전형적으로 나타나는 것이어서, 취중이라는 명백히 수치스러운 상태에 빠지지 않고도 우리는 우리 스스로가 원한다고 믿었던 것을 후회하기도 한다. 그렇다면 우리의 행위는 결정되어 있다고 해야만 하는가?

실험과학에서 결정론적인 원칙의 주장에 따르면, 모든 현상은 그 현상에 선행하거나 동반하는 현상에 의해서 법칙에 따라 엄격히 결정되어진다. 따라서 동일한 조건이 발생하면 동일한 현상이 예측 가능하고 반복된다. 어느곳에 위치한 어떤 실험실에서도 동일한 원인으로부터는 동일한 결과를 획득할 것이다. 이러한 의미에서 내면의 '원인'은 우리에게서 결정된, 예측 가능한, 재생산 가능한 결과를 초래할 것인가?

현대 철학자인 폴 리쾨르는《의지철학》이라는 두꺼운 논저를 발표했는데, 제1권 서두에 그는 다음과 같이 지적하였다. "결단과 노력이 있는가 하면 불가피한 것, 절대적으로 무의지적인 것이 있다. 성격 · 무의식 · 생체조직 등의 이러한 무의지적인 것은 의지의 근본적인 행위의 표현이고, 의지는 무의지적인 것보다 더 감추어져 있다. 내가 동의하는 것은 바로 의지이다." 절대적인 것이 관계가 없는 것, 우리의 행동수단에

구애받지 않고 강제하는 것이라면 **절대적으로 무의지적인 것**이라는 표현은 무엇을 뜻하는 것일까? 리쾨르는 세 가지의 큰 범주를 나열하고 있는데, 그것은 성격과 무의식 그리고 생물학적 조건이다. 그런데 **이러한 '절대적으로 무의지적인 것' 은 감추어져 있다.**

이 무의지적인 요소는 어떤 힘을 갖는가? 그것을 우리 행동의 원인, 즉 결정 원인으로 간주할 수 있을까? 그것을 알아보기 위해서는 우선 내면의 실재인 성향·충동, 그리고 욕망의 본질을 알아야 한다. 현대 심리학에서는 이런 것들이 야기한 것을 무의식적인 것이라고 주장한다. 그러나 그것들의 존재양식은 그것들로 우리를 결정할 내면의 원인을 만드는가? 결정론의 과학적인 원칙은 여기에서 어떤 의미를 가질 수 있을 것인가? 한 인간에게 내재된 '원인'은, 그 자체가 외부적인 강요에 유사한 이질적인 요소가 될 수 있는가?

## 1. 성향, 충동, 욕망

1. 아무것도 방해하지 않는다면, 모든 존재는 그 본성에 부합하는 것을 하려는 성향이 있다. 돌은 떨어지고, 비는 땅을 적셔 주어서 식물이 자라게 하고, 개는 숲을 가로질러 달린다. 이런 성향은 보편적인 것이다. 이것은 사물이기 때문에 내면

의 절대적인 결정이다. (고전철학에서는 "행동은 존재에서 유래한다"라고 말한다.)

동물에게 이 성향은 단순히 무기력하지 않고 생명력 있는 형태를 취한다. 동물의 육체는 중력에 끌리지만, 동물은 생명력 있고 활달해서 스스로, 자발적으로 몸을 일으킨다. 인간 역시 물리적, 즉 '물질적'인 방향과 생명력 있는 방향, 이 두 방향으로 나아간다. 중력 때문에 인간은 땅에 근접하고, 따라서 그대로 내버려둔다면 땅에 넘어질 것이다. 그러나 개와 마찬가지로 인간은 몸을 다시 일으키고 걷고 뛰는 것 등을 한다.

정확하고 명쾌하며 논리적으로 연결된 정의를 내리고 있는 스피노자의 《윤리학》 제3편을 살펴보자. 우선 존재의 본성에 의해 각자는 자신의 존재를 애써 고집한다. (즉 영속하려고 한다.) 이러한 노력(또는 내면의 약동; conatus)은 존재의 본성에 다름 아니고, 존재는 이렇게 내면에 생명력을 보유하고 있다. (스피노자는 존재의 본질이란 운동과 휴식에 관한 내면의 원칙이라고 본 아리스토텔레스와 일치한다.) 존재하려는 노력, 즉 애써 존재를 고집하려는 자연스런 노력-약동에는 따라서 어떠한 시간의 한계도 포함되지 않는다. 그것은 무한한 지속을 지향한다. (이러한 단정은 프로이트의 '죽음의 본능'이라는 가정을 거부한다. 여기에 관해서는 이 책의 2장에서 언급할 것이다.) 이 내면의 약동이 정신이나 육체 모두에 관계를 가질 때, 그것이 성향(tendance)이다. 따라서 본래의 의미로는 내면의 모든 힘을 통합하는 성향은 인간의 본질(=본성)이다. 정신은 그것 역시 존재하려는 성향이 있고, 정신 즉 자신에 대한 자각이고자 하려는 성향이 있다. 정신의 내면적인 약동을 전체적으로 파악하였을 때 '의지'라고 부르며, 성향이 그에 대한 자각을 동반할 때 그것을 욕망이라고 부른다.(같은 책) 그리고 나서 기쁨과 슬픔에 대한 정의가 나온다. (정신이 보다 큰 완벽에 도달할 때 기쁨을 느끼고, 정신이 보다 작은 완벽에 이를 때 슬픔을 느낀다.)

"알고 있거나 상상되는 목적으로 향하는 자발적이고 의식적인 성향," 이것이 라랑드의 《철학용어집》에 나오는 욕망에 대한 정의이다. 모든 욕망에서 발견되는 일반적인 궁극성은 존재하는 것이고, 더 나아가 가능한 한 잘 존재하는 것이다. 아리스토텔레스는 "단지 사는 것이 문제가 아니라 잘 사는 것(=행복한 것)이 문제다"라고 말하였다. 이러한 기본적이고 근본적인 성향은 다양한 방향으로 표현되는데, 그것은 우리 인간이라는 존재의 복합성과 일치한다. 왜냐하면 인간이라는 존재는 살기를 원할 뿐만 아니라, 또한 사랑하고 알고 행하기 등등을 원하기 때문이다.

2. 앞의 것들은 모두 보편적인 것이다. 그런데 사실 **존재하는 것은 보편적인 한 '인간'이 아니라 다양한 수많은 사람들**이다. 인간의 본성은 그 일반적인 속성을 보유하지만, 일반적

인 속성은 각 개인에서 특수한 형태로 발견된다. 특수한 것, 그것은 자신의 고유한 육체와 자신의 기질·자신의 성격·자신의 역사 등을 가진 실재하는 개인이다. 각자는 행복을 바라지만 상황에 따라서, 또는 내적인 비극이나 강박관념·불만 등의 원인으로 인해 괴롭고 고통스러운 조건에 종종 처해지기도 한다. 어떤 사람들은 이러한 것들로 인해, 병균이나 어떤 사고가 원인이 되는 일 없이 앓는다.

여기에서 우리는 다소간 중대한 정신병리학과 만나게 된다. 정신착란이나 완전한 자기폐쇄증까지 가지 않을 때, 이러한 정신적인 고통은 오늘날 흔히 정신분석학자에게 맡겨진다. 이런 종류의 치료의 시초는 프로이트(1856-1939)이다. 빈의 의사였던 그는, 먼저 최면을 이용해 히스테리를 치료하던 살페트리에르 병원의 정신과 의사인 샤르코(1825-1893)의 가르침을 따랐다. 그런데 프로이트는 다른 원칙에서 시작하였다. **병리적인 현상은 내면의 갈등으로 야기된 성향의 억압이 원인**이라고 그는 생각하였다. 이러한 억압은 불가피한데, 왜냐하면 자아는 성향 내면의 폭력(그는 이것을 '충동(pulsion)'이라고 불렀다. 독일어로는 Trieb)에 무력하기 때문이다.

갈등은 강요되고, '환자'는 그것을 감수해야만 한다. 왜냐하면 환자는 갈등에 아무런 영향력도 없기 때문이다. 프로이트가 성적인 본성(에로스—생의 본능)을 가진 것으로 간주한(나중에 그는 '죽음의 충동(타나토스—죽음의 본능)' 또한 발견했다고 믿었다) 충동은 내면에서 폭력을 행사한다. 그 때문에 주체는 충동을 피할 수가 없다. 주체는 억압으로 도피하지만, 억압 역시 전제적인 충동만큼이나 불가피한 것이다.

3. 이 이론은 내면적인 결정론이라는 인상을 준다. 그뿐만 아니라 프로이트는 이 강력한 힘들이 '인간에 대한 최고의 모욕'이라고 보았다.

이런 상처를 입지 않는 사람들도 있다고 반박할 수 있을 것이다. 그런 사람들은 완벽하게 행복하지는 않지만 스스로에 만족해서 일종의 평온 속에 사는 것처럼 보이지 않는가? 그러나 그런 사람들은 그들의 성향에 덜 결정된 것이 아니라, 상황이 그들로 하여금 고통받게 하지 않는 것이라고 정신분석학자들은 대답할 것이다.

다른 한편 정신분석학과 전혀 다른 관점에 따르면, 우리들 각자는 자신의 성격(caractère ; 이 단어는 더욱이 '특징'을 뜻한다)을 가지고 있는 것 또한 명백하다. 심리학의 한 분야인 성격론은, 히포크라테스와 테오프라스토스(B.C. 372-B.C. 287, 아리스토텔레스의 뒤를 이어 그가 설립한 철학학교 리케이온을 운영하고, 《성격》을 저술한 그리스의 철학자) 그리고 갈레노스(A.C. 131-201, 네 가지 기질에 기초한 의학으로 17세기까지 서구 의학에 큰 영향을 끼친 그리스의 의사)로 거슬러 올라가고, 19세기에 많은 저술가들이 발전시킨 전통을 회복해서 성격의 유형에 대해 최근 면밀한 조사를 했다. 성격론을 다룬 책들을 훑어보면, 각자에게 고유하게 주어진 개인적인 것이 각자의 반응을 결정한다는 인상을 받게 된다. 예를 들면 사소한 사건에 '감수성이 예민한 사람'은 자신의 뜻과는 무관하게 심하게 동요될 것이지만, '감수성이 없는 사람'은 냉정한 채로 있을 것이다. 주체는 무엇이 내면에서 그를 충동하는지를 모른다. 또한 더욱이 그는 자신과는 다른 반응을 비정상적이라고 판단하거나, 더 심하게는 자신에게 적의를 보이는 것이라고 판단하기까지 할 것이다.

## 2. 내면의 결정에 관한 문제

1. 프로이트는 샤르코에 매료된 후에 얼마 동안 최면을 이용했지만, 히스테리 환자를 치료하는 데 최면이 효과적인 방법이 아니라는 것을 깨달았다. 왜냐하면 억압이 그대로 남아 있었기 때문이다. 왜 억압은 최면으로 제거될 수가 없는가? 《히스테리에 대한 연구》(1895)에서, 프로이트는 자신이 성취했다고 판단한 발견에 대해 설명하고 있다. 그에 따르면, 충동과 갈등상태에 있는 약한 자아는 충동에 지배당하고 억압으로 도피한다. 약한 자아를 끊임없이 괴롭히는 성적 표상(또는 환상)은 사라지지 않고 무의식 속에 간직된다. 거기에서 성적

표상은 강박관념, 반복되는 악몽, 다양한 불능증, 공포증 등과 같이 주체에게 고통을 주는 결과를 만들어 내면서 전횡적인 힘을 행사한다.

프로이트는 이런 결과(억압·신경증)의 원인을 에로스(성적 충동)라고 믿었다. 《정신분석학에 대하여》에서, 프로이트는 4년 동안(1910-1914) 치료한 그의 환자 중의 한 사람인 '늑대인간'의 경우에 대해 설명하고 있다. 그는 러시아의 귀족이었는데, 다양한 정신적 불안에 고통받고 있었다. 프로이트가 주도한 '정신분석학적 치료'는 그의 상태를 개선하지도 못하였을 뿐만 아니라, 단초가 되는 사건에 관한 프로이트의 가정은 변해 갔다. 게다가 이 환자는 나머지 인생을 다른 여덟 명의 정신분석가들로부터 치료를 받으면서 보냈는데, 그 정신분석가들은 그에 대해 서로 다른 가정을 세웠다. 몇 년 전 죽기 직전에 이 환자는 그가 경험한 치료에 관한 이야기를 털어놓았다. 따라서 우리는 이런 치료법이 얼마나 다양하고 모호한 것인지 확인할 수 있다. 그의 경우는 결코 특수한 것이 아니며, 우리는 오늘날 그와 비슷한 수많은 증언을 들을 수 있다. 이러한 사실들로부터 강력한 충동이 병리현상을 결정할 것이라는 명제의 오류를 알아낼 수 있다. **문제가 되는 것은 무의식적인 표상이 존재하느냐가 아니라, 충동에 전가된 '인과관계'이다.**

이 문제의 첫번째 측면은 충동적인 성향의 유일성에 관한 명제이다. 사실 프로이트 자신도 1920년에 또 하나의 충동을 발견하였다고 믿었는데, 그것은 우리를 소멸로 내모는 '죽음의 본능(타나토스)'이다. 다른 심리학자들은 또 다른 충동을 제시한다. 예를 들면 현대의 보울비는 어린이의 행동을 세밀하게 연구하고서, 하나의 '원초적 충동(즉 다른 충동에 종속되지 않는 충동)'인 애착(attachement ; 다른 사람, 즉 처음에는 어머니, 다음에는 가까운 사람들, 그 다음에는 또 다른 존재를 향한 무한한 내면의 운동)을 찾아냈다. 이 현대적인 용어는 《니코마코스 윤리학》(8권)에서 아리스토텔레스가 설명한 필리아(philia ; 모든 인간 존재에 대한 일반적인 우정관계)를 뜻하는 것이다. 그외에도 발전하기·알기 등과 같은 다른 많은 성향이 존재하고, 이러한 것들은 현대 심리학의 연구업적에 설명되어 있다.

**2.** 그러나 '결정론적인' 충동의 유일성을 가정하는 것은 충동의 본질과 힘에 관한 문제를 은폐하고 있다. 열등하다는 것 외에는 우리가 자연에서 경험하는 힘과 다르지 않은 물리적인 힘이 충동인가? 충동은 우리로 하여금 결정론에 따르게 할지도 모르고, 프로이트는 그래서 '인간에 대한 최고의 모욕'이라고 설명했을지도 모른다.

그런데 세밀한 연구가 밝히고 있는 복잡성에 의하면, 반복될 수 있는 인간의 상황이란 없다는 것을 우선 인정해야 한다. 충동은 많이 있고, 복잡하게 얽혀 있다. 그리고 우리들의 생은 사건들에 직면해서 설정되는데, 그 사건들 각각에는 많은 측면이 있다. 우리는 그 중에서 무엇을 인지하는가? 한 상황은 어떤 성향을 불러일으키는가? 이미 이러한 관점에서 예측과 반복을 허락하는 인과관계에 우리는 직면해 있지 않다.

그러나 결정론의 원칙 그 자체는 여기에서 거론될 수 없다. 왜냐하면 이러한 충동과 갈등하고 있는 '자아'는, 원심력과 같은 힘이 적용되는 물체의 상황에 있지 않기 때문이다. 소위 내면의 원인은 기계적으로 구성되지는 않는다. 더욱이 무의식은 분리된 권한(프로이트는 법원을 예로 들었다)에 비교할 만한 '심리적 심급'인가? 만일 그렇다면 '자아'와 관계 있는 살아 있고 역동적인 모든 것은 불가능할 것이다. 그런데 **우리 내면에 있는 모든 것은 인간적이고**, 따라서 인간의 본성을 소유하고 있다. 우리들의 성향은 단지 동물적인 것만도, 우리들의 자아만도, 우리들의 무의식만도 아니다.

지난 경험의 인상에서 유래해 의식에서 사라지지 않는 기억이 우리에게는 있다고, 3세기에 신플라톤 학파의 철학자인 플로티노스(205-270)는 말하였다. **'알고 있는 것보다 훨씬 더 많은 힘을 가진'** 내면의 기질과 그 기억은 관련되어 있다. 이어서 플로티노스는 철학적 분석을 통해 이 내면의 폭력이 왜 전제적인가를 다음과 같이 설명한다. "사람이 기질을 의식할 때는 기질과 다르지만, 기질을 의식하지 못할 때는 자신이 소유하고 있는 것과 자기 자신이 동일하게 될 위험이 있다. 영혼을 손상시키는 것은 본질적으로 이런 유형의 정열이다." (《에네아데스》) 아주 명쾌한 이 설명은 '전환,' 즉 그 매력이 더욱 강하고 더욱 자극적인(그래서 '열광'에까지 이른다고 플로티노스는 말하였다) 선(Bien)을 알고 그로 향하는 것을 강조한다.

현대의 위대한 철학자인 시몬 베유(1943년 런던에서 사망)는, 1933년에서 1934년 사이에 로안에서 강의한 내용을 책으로 펴낸 《철학 강의》에서, 보았거나 상상한 장면들을 "호의적으로 유지한다"는 사실과 억압 사이의 심리적인 유사성을 강조하였다. 그에 의하면 **억압은 나쁜 의식이다**. 왜냐하면 억압은 이미 스스로 취약해졌고, 그 고유한 약함에 내버려진 의식에 충격을 주기 때문이다. 이것은 일종의 내면의 위선인 **의지의 회피**에서 기인한다. 따라서 **우리 내면에 있는 괴물을 밝혀내야** 한다고 시몬 베유는 말한다. 플로티노스가 제안한 전환은 심리학 자체(인간의 영혼을 연구한다는 고전적인 의미에서)로 설명된다. 즉 우리 사고의 "명확성의 정도에 대해 우리는 전적으로 책임이 있다." 내면의 위선을 이루었던 의지의 회피를 명료함으로 바꾸어야 하고, 자족함이 없이 직면해야 한다. 따라서 시몬 베유는 무의식의 존재를 부정한 것이 아니라, **'의지적인 사고의 비활동'** 때문에 무의식에 생기는 강박적인 것과 병적인 것에 대해 설명하고 있다.

"억제된 자아는 내면의 괴물에 대해 무서워한다"라는 이 묘사는 프로이트와 일치한다. 그러나 시몬 베유는 두려움의 부정적인 부분을 강조하는 가정을 다듬는 대신 철학적으로 그것을 분석하였다. 그래서 베유는 주의(attention)의 긍정적이고 풍부한 힘을 인간 존재에서 발견한 말브랑슈와 같은 고전주의자들의 관념을 재발견하였다. 주의를 혐오하는 것은 우리들의 약함이지만, **"주의를 진정으로 기울일 때마다 자신에게 있는 악을 파괴시킨다"**라고 베유는 학생들에게 행한 강연에서 말하였다. 주의를 기울이는 것, 그것은 고려하는 것(연구할 문장, 제기된 문제, 만난 사람 등등)의 가치를 사랑하고 발견하는 것이다.

3. 성격을 연구한 철학자들(르 센느·베르제, 그리고 지금도 연구하고 있는 다른 사람들)은 두 가지 업적을 달성했다. 먼저 그들은 다양하게 합성해서 성격의 유형을 이루는 요인들을 분석하고 밝혀내었다. 예를 들면 '침착한 사람'은, '감수성이 없는 사람(또는 감수성이 무딘 사람)'이면서 '활동적인 사람(내면의 반발 없이 쉽게 행동하는 사람)'이고 '이차적인 사람(체계적·조직적인 사람)'이다. 다른 유형인 '무기력한 사람' 역시 감수성은 무디지만, 반대로 활동이 적고 '일차적인 사람(충동적이고 변덕스러운 사람)'이다. 다른 유형은 또 다른 성질들을 가지고 있다. **성격은 모두 성질들의 총합**인데, 사람들

은 먼저 그 성질들에 대해 완전하게 인식하지는 못한다. 어떤 성격도 그 스스로 나쁜 것은 없다. 그리고 철학자이자 성격론자들의 두번째 업적은, **각 개인의 고유한 본성에 대한 인식은 자신의 고유한 자연적인 소질을 잘 활용하고, 다른 사람들의 소질이 선하다는 것을 인정하는 조건임**을 밝혀낸 것이었다. 이것은 단순한 과학적인 진술이 아니다. 왜냐하면 이렇게 각 개인에게 주어진 것은, 전적으로 특수하면서도 절대적으로 경직되어 있거나 고착되어 있는 것이 아니라는 사실을 사람들은 발견하기 때문이다. 의식을 통해 사람들은 자신과 다른 사람들을 받아들일 줄 알고, 자신의 성격을 어떻게 잘 '조절'할지를 안다. 그리고 무엇보다 '상호 성격론'의 결실, 즉 자기 자신의 개체성을 가지고 있으면서도 다른 사람들과의 활기있고 정중한 교환을 통해 거둔 결실을 사람들은 발견한다. **무지는 우리를 고독 속에 가두고**(주제 2 참고) 침울한 체념 속에 가둔다. 지식은 근본적으로 긍정적인 것을 발견하는 기쁨과, 우리의 자연적인 기질을 '잘 살기'로 방향 잡아 줄 수 있는 힘을 준다. (덕목과 악덕에 관련된 두번째 문제인 '의무'의 주제 3 참고) 르네 르 센느와 그뒤의 다른 사람들은 그래서 **'의지적인 회복'의 중요성**을 강조하였다. 르 센느는 "아무것도 없다면 아무것도 할 수 없는 의지는 없다"고 지적하였다. 따라서 우리는 우리가 가지고 있는 개인적인 수단에 따라 행동해야 하고, 부정적인 것에 앞서 긍정적인 것을 우선해야 한다. "의지적인 회복의 효과는 활력을 주는 충격의 강도에 항상 비례할 것이고, 자아는 그 충격을 집중시키는 기술이 있다."(《성격》)

요약하면, 성격과 충동은 단지 우리 인격의 요소일 뿐이다. 중요한 것은 성격과 충동을 다소 무의식적인 상태에서 명쾌한 의식으로 옮기는 것인데, 그것은 성격과 충동이 가장 바람직한 인간 형태를 지향하게끔 그것들을 억제할 뿐만 아니라, 특히 발전시키기 위한 것이다. **성격과 충동은 우리를 결정하는 것이 아니라, 우리를 결정하는 내면의 수단을 우리에게 준다.**

## 3. 스스로 결정하기

1. 의지적인 회복의 실재를 프로이트는 무시했었다. 그에 의하면 충동이 여전히 결정짓는다. 충동이 그 통상적인 목적, 예를 들면 성적인 쾌락에서 우회할 수도 있다는 것을 그는 단지 인정할 뿐이다. 따라서 과정이 문제가 되는데, 그는 그것을 승화(sublimation)라고 명명하였다. 즉 충동은 그 본질이나 강도를 잃어버리지 않고 목표를 이동시킨다는 것이다.

그러나 승화의 이러한 개념은 아직 불명확한 명제로 남아 있다고 정신분석학자들 스스로 실토하고 있다. 라플랑슈와 퐁

탈리스는 그들의 저서인 《정신분석학 용어집》에서, '승화'라는 단어에 대해 다음과 같이 쓰고 있다. "그것은 어떻게 자신에게 발생할 수 있는지 사람들이 잘 모르는 학설의 요청에 대한 지수이다." (인간은 동물적인 본능으로 환원될 수 없다.) 그러나 "승화에 대한 일관성 있는 이론의 부재는 정신분석학의 사고에 공백으로 남아 있다."(같은 책) 이 두 정신분석학자는 다음과 같이 지적하고 있어서, 우리에게 비판적인 분석의 길을 제시해 주고 있다. 승화라는 용어는 일반적으로 "위대함과 고양을 불러일으키는 작품"을 지칭하는 '숭고'의 관념을 포함하고 있어서(같은 책), 그것은 미(美)나 고상한 감정에 바쳐진 일종의 찬사라고 할 수 있다.

대부분의 정신분석학자들은 승화에 대한 프로이트의 관념이 불충분하다는 것을 인정한다. 이러한 부족을 이해하기 위해서는 '숭고'라는 용어의 의미를 파악할 필요가 있다.

2. 고전적 저서인 칸트의 《판단력 비판》(1790)을 펼쳐 보자. 칸트는 "어떤 것을 그 나머지 모든 것과 비교해서 나머지 모든 것이 작을 때 그것은 숭고하다"라고 지적하였다. 숭고는 사물("형태가 없이 원시적으로 무질서하게 서로서로 쌓여져 있고, 얼음 피라미드가 있는 산더미나 또는 성난 바다 등")에 내재하는 것이 아니라, 실제로는 우리가 주시하는 웅장한 사물로 인해 '모든 감각의 단위'를 뛰어넘는(같은 책) 감탄하는

힘, 정신적인 힘임을 우리는 발견하게 된다.

우리는 언제 우리 존재 내에서 이 숭고한 힘을 느끼는가? 그것은 우리가 충동적인 만족에 더 이상 예속되어 있지 않을 때, 이끌려다니는 대신에 우리가 우리 스스로를 결정할 때이다. 이때 심오한 변화가 일어난다. 예를 들면 사랑은 아직도 성적인 뿌리를 가지고 있더라도 **자신의 소질이 된다.** 그래서 성적인 성향이 개입되지 않고도 서로 시간이나 도움·애정 등을 줄 수도 있는 것이다.

칸트의 이런 가르침을 받아들이면, **숭고한 것은 우리 내면에 있는 자연적인 모든 것보다 더 뛰어나다는 것을** 우리는 발견하게 될 것이다. 따라서 그것은 목표에서 벗어난 성적인 만족이 아니다.

칸트는 이어서 절대적으로 숭고한 존재가 있는가를 모색하였고, 그것은 완벽한 존재인 신이라고 그는 생각하였다. 그리고 절대적으로 완벽한 이 존재는 우리 내부에서 올바른 의도, 즉 '평온한 사색과 완전히 자유로운 판단에의 기질'을 불러일으킨다. 이로 인해 우리는 정열에의 노예화에서 해방될 수 있고, 자유에 도달할 수 있다는 것을 이해하게 된다. 순전히 자연적인 모든 것보다 "우리의 사명은 훨씬 더 숭고하다."(같은 책) 이 숭고성이 작렬하는 징조, 그것은 우리가 위협에 저항하는 것이다. 우리가 위험의 힘 앞에 굴복해야 한다고 하더라도 위험은 우리의 존엄성을 떨어뜨릴 힘이 없다.(같은 책)

**3. 우리의 존재에는 숭고한 사명이 있다.** 그러면 우리의 충동은 나쁜 것인가? 프로이트는 승화의 개념에서 하나의 운동을 찾아냈는데, 그에 대한 설명은 칸트에게서 발견된다. 우리들 성향의 본질적인 목표는 부분적이고 일시적인 쾌락에 굴복하지 않는다. 성향에 있는 폐쇄적이고 초라한 것, 즉 충동 중의 일부분만이 아니라 **우리의 모든 충동**을 뛰어넘는 약동이 성향에는 있다. 그러므로 충동은 총체적인 우리 존재에 통합되어서 감각의 예속으로부터 해방되어야 한다. 완전한 순수는 우리에게 존재하지 않는데, 칸트는 그 이유를 설명하고 있다.(두번째 문제의 주제 1과 주제 2 참고) 이미 아리스토텔레스는 그 다양한 능력 안에서만 선한 우리 본성의 포네리아(ponèria ; 나쁜 상태, 불충분)를 염두에 두었다.(《니코마코스 윤리학》 제7권 마지막, 이 책의 다음 문제인 '의무'를 참고)

**우리 내부에서 숭고한 것, 그것은 완벽에 대한 자유롭고 의지적인 열망이다.** 따라서 거기에는 내면의 힘이 있다. 인간은 프로이트의 이데올로기가 믿는 것보다 훨씬 더 복잡해서, 철학적인 분석에 따르면 인간은 서로 반대가 될 수도 있는 생명력으로 이루어져 있다. 플라톤은 우리 존재를 이루는 세 가지 원칙을 기술했는데, 우리를 지도하고 선으로 이끌어 줄 이성, 마음과 용기와 관대한 열정인 투모스(thumos), 그리고 괴물의 일종처럼 정열적이고 폭력적이며 일관성이 없는 성향인 에피투미아이(épithumiai)가 그것이다. 인간의 의무는 이성이 에피투미아이라는 괴물을 지배할 수 있도록 사자에 비유되는 투모스를 이성에 봉사하게 하는 것이다. (《국가》 IV에서 플라톤은 한 사람을 예로 들고 있다. 그 사람은 자신에게 폭력을 행사하고자 하는 자신의 일부에 반대해서 스스로 억제하고 내면의 갈등을 겪고 있다. "이런 종류의 대결에서는 투모스가 이성의 편에 선다.") 아리스토텔레스는 의지를 강화시키면서, 관대한 행동과 아름다운 업적에 대한 친화력을 발전시키기 위해서 따라야 할 길로 카타르시스(catharsis ; 정열의 정화)를 제시하였다. 예를 들면 《시학》에서 그는 비극의 원동력을 분석하였다. 이 《시학》에 영향을 받아 라신은 다음과 같이 말하였다. "이 작품〔여기서는 《페드르》를 말함〕에서 사랑의 약함은 진정한 약함으로 통하고, 정열이 그 원인인 모든 혼란을 보여주기 위해서만 정열은 눈앞에 제시된다. 그리고 추함을 알려주고 증오하는 색으로 악은 온통 그려진다." 라신은 그것이 위대한 비극작품의 목표였다는 것을 다음과 같이 환기시켜 주었다. "그들〔그리스 시대 비극시인들을 지칭〕의 연극은 철학학교에서만큼이나 덕을 잘 가르치는 학교였다. 또한 아리스토텔레스는 극시의 규칙을 세우고자 하였다. 그리고 철학자 가운데 가장 현명한 소크라테스는 에우리피데스의 비극에 관심 갖는 것을 등한시하지 않았다."(《페드르》의 서문) 아리스토텔레스의 《시학》에 의하면, 사실 "비극은 철학적인 작품이다." 비극은 '음악과 공통점이 있기'까지 하고, 피타고라스 학파에 따르면 음악은 영혼을 정화시켜 준다. 고전음악의 역할은 바로 이것이다.

비극은 악덕의 추함을 **보게 한다**. 정열이 전제적으로 지배하는 광경 앞에서는 영혼에서 연민이 일어난다. 충동과 성격을 보고 안다는 것은, 차후에는 억압해야 할 건전하지 못한 유혹 곁에서 위선적인 시선을 던지는 것이 아니다. 혼란되고 폭압적인 성향(플라톤과 시몬 베유에 따르면 '내면의 괴물')의 결과를 그대로 직시한다는 것은 **완전하게 의식적이 되는 것이다**.(시몬 베유) 자의식은 단순히 있는 것을 보는 것이 아니다. 그것은 한편으로는 자연적이고 특수한 자신의 고유한 복잡성을 발견하고, 다른 한편으로는 불가피한 주의를 기울이려고 노력하는 주체인 존재가 내면에서 중복되는 것이다. 이때 의지의 실제적인 내면의 힘이 나타나고, 무의지적으로 주어진 것들은 절대적으로 불가피한 것일지도 모르지만 의지는 그것들의 '부수물'은 아니다. 인간의 의지는 그 앞에 아무것도 없는 창조적인 전능함이 아닌 것은 분명하다. 아무것도 없이는, 의지는 아무것도 할 수 없다.(르 센느) 그러나 의지가 가지고 있는 것, 그것은 또한 내 자신 즉 내 존재의 요소들인데, 그 요소들은 소유물처럼 '나에게' 있는 것이 아니라 내 자신이다. 그 요소들을 인식한다는 것은, 벌써 내 존재의 살아 있는 자질을 안다는 것이다. 그것은 더욱이 내가 우정을 맺고 있는 다른 사람들의 요소와 함께 그 요소들의 자리를 설정해 주는 것이다. 그리고 그것은 다른 사람들과 상호 이해하도록 노력하는 것이고, 상호 이해 속에 각자는 자신의 고유한 능력을 인정하고 또 그것을 통해 그 능력을 확대시키려는 경향이 있다.(주제 2 참고) 내면적인 힘의 하나인 기쁨은 이 과정에서 탄생한다. 보다 더 큰 완벽으로 통하는 길인 기쁨(스피노자)은, 코나투스(conatus)의 발전되고 풍부한 인간적인 형태이다. 우리 존재의 근본적인 성향은, 기쁜 힘이 되어서 우리들 본성의 다양한 요소들을 의지적인 완성이라는 약동으로 이끌고, 이 약동은 충동의 사슬을 끊어 버린다.(스피노자, 《윤리학》) '덕(vertu)'은 행복하다. 왜냐하면 그것은 우리 자신이 만들어 낸 탁월함이기 때문이다.(아리스토텔레스) 이것이 인간의 진정한 생이라고 베르그송은 썼다. "생이 성공했다고 기쁨은 항상 알리고, 기쁨이 있는 곳은 어디에서나 창조가 있다. 인간의 창조성은 생이 있는 동안 내내 계속된다. 그것은 **자신에 의한 자신의 창조**이자, 적음에서 많음을 무에서 유를 얻고, 세상에 있었던 풍부한 것에 끊임없이 보태는 노력을 통한 인격의 확대이다."(《정신적 에너지》)

【참고】 이런 주제가 어려운 것은 철학과 '인문과학'의 관계에 기인한다. 철학자가 심리학(심리학은 오랫동안 철학의 한 영역이었으나, 실험적이거나 정신분석학적인 근대적 형태로 철학에서 분리되었다)의 명제들을 무시한다는 것은 불가능한 일

이다. 그러나 철학 연구는 '인문과학'이 개진하는 이론이나 실험 같은 것을 단순히 기술하는 것은 아니다. 반면에 그런 이론이나 실험을 무시하거나 경멸하면서 거부하거나 오만하게 비판해서도 안 될 것이다. **철학적 성찰은 수학자나 물리학자의 연구나 역사학자·사회학자의 이론으로 대치되지 않는다.** 따라서 확고한 소양을 가져야 하고, 아는 것만 말해야 하며, 만일 비판해야 한다면 최소한 **비판할 명제의 본질을 먼저 알아야** 한다. '인문과학'에 관련되는 주제가 제시된다면, 아주 특수한 **이 인문과학의 명제들이 인간의 실재와 갖는 관계, 관계 그 자체 속에 있는 인간의 실재를 밝혀야 할 것이다.** 따라서 제기된 문제의 실재적인 측면이 잘 드러나도록 하는 것이 목표가 되어야 한다. 내용은 다른 어떤 경우보다도 목록이나 '명제의 점검'(또는 너무 단순화된 '철학체계')이 되는 것을 피하고, 분석의 전개과정을 확립해야 한다. 이 책에서는 가장 서술적인 것(철학에서 이미 밝혀진 것)에서 시작하여 심오한 현상('무의식'을 시작으로)을 규명하고, 그런 다음에 철학적으로 지나칠 수 없는 것(플라톤의 의미로는 '무가정적인 것,' 《국가》)에 도달하고 있다.

## 주제 2

# 홀로 행동할 수 있는가?

 강요당하지 않고 전적으로 의식하고 있는 가운데 내가 행동을 취한다면, 행동하는 것은 나이고 나는 내가 하는 것에 대해 책임이 있을 것이다. 목표의 선택, 수단에 대한 깊은 사고, 실행에 있어서의 인내 등 행위의 이 모든 단계는 나만에 의해 실현된다. 나는 행위를 완수해서 얻어진 결과로 즐거움을 느낀다.(아리스토텔레스, 《니코마코스 윤리학》) 행동이 아주 어려웠을 때, 그것은 기쁨의 형태가 되기도 한다. 왜냐하면 나는 역경을 이겨내고 더 높은 완벽에 도달하였다는 의식을 갖기 때문이다.(스피노자, 《윤리학》)

 이러한 개인적인 만족은 영웅주의에서 그 극단적인 형태를 찾아볼 수 있을 것이다. 아주 강력한 내면의 긴장(스토아 학파의 토노스)은 숭배할 만한 행동의 조건이 될 것이기 때문이다. 이러한 상황을 그것의 모든 귀결과 함께 고려하면서 분석할 필요가 있다. 진정으로 나는 유일하게 나 홀로 행동했는가? 그리고 나만을 위해서?

이미 처음에 언급한 책임감은 행동하려는 의지의 의미, 즉 왜 행동하는가를 모색하게 한다. 만일 나 혼자만으로 충분하다면, 나 밖에, 즉 세계에 있는 어떤 것을 내가 하기를 바란다는 사실을 이해하기는 어렵다. 그런데 행동은 어떤 외재적인 목표가 있고 수단(도구·도움 등)이 필요하다. 행동한다는 것은 그래서 여러 가지 다른 수준이 있고, 그것을 잘 정하는 것은 중요하다.

### 1. 스스로 홀로 행동하기

1. "나는 나 자신과 우주의 주인이다." 코르네유는 《키나》의 마지막장에서 에픽테토스의 지침에 따라, 갑자기 변화해 현인이 된 한 사람의 영웅적인 감정을 아우구스투스라는 인물에 부여하고 있다. 에픽테토스는 "현인은 행이든 불행이든 그 자신에게서만 기다린다"(《제요》) "그는 자신에게서 자신의 행복을 마음대로 끌어낼 수 있다"(《어록》)라고 말하였다. 말하자면 파도가 부서지는 갑(岬)처럼 그는 움직이지 않고 있다.(마르쿠스 아우렐리우스의 《명상록》) 의지적인 긴장은 에픽테토스와 같은 노예의 조건이건, 마르쿠스 아우렐리우스처럼 황제의 조건이건 모든 조건의 모든 행위에 작용한다.

이상적인 현인은 그 자신을 완벽하게 소유하고 있고, 홀로 덕을 모든 덕을 가지고 있어서 한순간에 그는 **통째로 변환한다**. 이제 그는 완벽한 전략가이거나 완벽한 장인이거나 또 다른 무엇이다. 그는 무엇을 하든지 그 스스로 완벽하게 그것을 한다.

**2.** 그럼에도 불구하고 두 종류의 사실이 이러한 모습을 문제 삼는다. 먼저 그것은 인문과학이 증명하고 있는 사실인데, 파베 부토니에는 《의지의 쇠퇴》라는 저서에서 의지주의의 심리적인 폐해를 개진하였다. 그에 따르면 의지주의는 억압에 이르고, **극복할 수 없는 긴장에서 유래하는 행위의 불안**에 이른다.

더욱 심오하게는, 스토아 학파의 연구가 보여 주듯이 지혜는 도달될 수 없는 것이다. 이에 대해 다음과 같이 쓴 것은 에픽테투스이다. "단 하나만 요구할 테니, 자 나에게 스토아 철학자 한 명을 보여 다오. 만약 완벽하고 완성된 스토아 철학자를 내게 보여 줄 수 없다면, 적어도 그렇게 되기 시작한 사람을 보여 다오. 이 대단한 구경거리에서 나 같은 늙은이를 낙심시키지 마라. 고백하건대, 나는 아직 이런 구경거리를 즐긴 적이 없다."(《어록》) 마르쿠스 아우렐리우스는 운명 앞에 굴복해 체념한 채 그에게 일어난 것을 받아들였다.(《명상록》) 에픽테투스는 자신의 지혜를 세 단어로 요약하였다. "금욕하라, 그리고 인내하라."

왜 이렇게 되는가? 헤겔은 《정신현상학》에서 그것을 설명하고 있다. 그의 논설에서는 자유가 실제의 행동이 아니라 자의식의 사고 속에서만 존재한다. 따라서 세계에서 **지고한 사고는 아무것도 성취되지 않은 것과 마찬가지이다.**(같은 책) 순수하고 보편적이고자 하는 모든 사고가 역사적인 국면과 함께 일종의 차원(dimension ; 독일어의 의미로는 '계기(moment)')이 있음을 헤겔은 간과하였다.

  3. 홀로 행동할 수 없기 때문에 사람들은 행동하기를 꿈꾼다. 왜냐하면 이 '순수한 사고'는 대부분의 사람들에게는 충분하지 않기 때문이다. 그래서 고독에 처한 장 자크 루소는 '몽상의 세계에 빠져' 이 '비참한' 상황에서 벗어난다. "나의 공상에 걸맞는 것이 존재하는 것을 보지 못했기 때문에, 내 창조적인 상상력이 내 마음에 드는 존재들로 가득 채운 이상적인 세계에서 나는 공상을 살찌운다."(《고백록》) 《고독한 산책자의 몽상》 중 유명한 다섯번째 산책에서, 루소는 "이 (몽상의) 상태가 지속되는 한 신처럼 자족한다"라고까지 쓰고 있다.

  성공한다는 환상을 주기 위해 만들어졌기 때문에, 비실제적인 장애물을 제압하고 극복하면서 행동하는 것을 상상하는 것은, 시간을 유용하게 보내는 것이자 존재의 필연성에서 벗어나는 것이다. 허황한 말을 잘하는 어린이들은 이렇게 행동이 면제된 '훌륭한 역할'을 한다.

고독 속에서는 모든 것이 가능하지만 아무것도 성취되지는 않는다. 그럼에도 불구하고 목표를 선택하고 수단을 조직하며 장애물에도 불구하고 인내하는 것은 활동적인 주체이기 때문에, 행동의 국면은 활동적인 주체에 의해 그 책임 아래 실현되는 것처럼 보이지는 않았는가? 이것은 하나의 환상인가? 금욕해야 하고 인내해야 할 대상인 다른 사람들과 사물에 우리는 종속되어 있는가?

## 2. 함께 행동하기

1. 루소는 몽상이 만든 창조물과의 즐거운 행동을 상상하였다. 마르쿠스 아우렐리우스는 제국의 변경에서 싸운 후에 운명의 신이 강요하는 필연성을 인정하면서, 자신이 바다에 부딪치는 바위 같다고 생각하였다. 만약 고독한 영웅의 긴장이 '스트레스'와 어쩔 수 없는 의기소침에까지 미치지 않는다면, **그는 스스로 영웅임을 인정하게 된다.** '인정을 위한 투쟁'(헤겔, 《정신현상학》)은 자의식 그 자체로는 충분치 않다는 표시이다.

인간 존재는 본래 사회적이기 때문에 그러하다.(아리스토텔레스, 《니코마코스 윤리학》, 《정치학》) "한 사람만 있다면 인생은 고통스럽다. 계속적으로 스스로 행동하는 것은 사실 쉽지 않은 반면, 다른 사람과 함께 그리고 다른 사람과 관련해서 행동하는 것은 보다 편안하다."(《니코마코스 윤리학》) 필리아(philia)는 우리들의 본질적인 성향의 하나라는 것을 우리는 이미 알고 있다.(주제 1 참고) 사회성은 자의식의 실재적인 존재에 있어서 그 일부분을 이루고 있다.(헤겔, 《법철학강요》) 그래서 플라톤의 《국가》에서부터 베르그송(《도덕과 종교의 두 원천》)이나 후설(《유럽 학문의 위기와 선험적 현상학》) 등의 현대 저작들에까지 철학은 동시에 하나의 정치학이다.

2. 이런 사회적 조건은, 사실상 우리에게 주어진 인간교육에 의해 우선적으로 실현된다. 심리학에서는 완전히 동물에 의해 키워진 어린아이들의 경우을 기술하고 있는데, 그 어린아이들은 어떤 인간적인 활동도 없다.(말슨, 《원시적인 어린이들》) 여러 형태의 사회성에 의해 가족의 관습이나 학교 교육, 국가의 법에서부터 도덕, 사회의 다양한 관행에 이르기까지 **우리는 내면적으로 영향을 받고 있다.** 다른 사람들, 다른 집단들, 우리가 속해 있는 문명 등으로부터 정신적 태도·행동양식·신념 등을 우리는 받아들인다.

우리가 이렇게 받아들이는 것은 단지 심리적인 차원의 것만은 아니다. 행동하기 위해 우리는 도구가 필요하고, 교육은 행동할 물질적인 수단의 습득에 또한 목표를 두고 있다. 그래서 정확한 습관과 행동에 필요한 조치의 획득을 통한 육체의 균형적인 발전을 교육은 포함하고 있다. 행하는 것을 보고, 설명을 들으면서 행하는 것을 배운다.

이 설명은 계속될 수도 있을 것이다. 우리가 살고 있는 문화로부터, 그리고 다른 사람들로부터 **받은 것과 함께 우리가 항상 행동한다는 것**은 명백한 사실이다.

3. 현대의 현상학은 이러한 의견을 발전시켜서, 이러한 의견의 기초를 사회성에 관한 새로운 고찰에 세웠다. 하이데거는 함께 하는 존재의 중요성을 강조하였다. 어떤 의미에서 자의식이라는 것은 '대자(pour-soi)'적이고(사르트르), 스스로 움직이지 못하는 사물은 있는 그대로에 불과한 '즉자(en-soi)'적이다. 그러나 그 추상적인 본질에 따라 파악된 사고(순수한 사고)에서 이미 보았듯이, 내면화의 이런 고유한 운동은 다른 사람을 향한 운동을 상관물(corrélatif)로 가진다. **인간은 '타자'적이기 때문에 함께 하는 존재이다.** 따라서 교육이 필요불가결하다고 하더라도, 인간은 받은 교육에 **따라** 행동하기 때문만이 아니라, **위해서** 행동함으로써 **함께** 행동한다. 위해서 행동하는 것은 덕분에 행동하는 것을 가정한다. 필리아는 단순히 내면의 기질만은 아니다. 그것은 행동하게 유도하고, 누군가를 위해 무엇을 하게 한다. 더욱이 필리아는 군중 속에 존재들을 병렬시키는 익명의 '누구'와는 다른 차원의, 잘 조직된 전체인 '우리'를 구성한다.

인간이 다른 사람들과의 밀접하고 유효한 관계를 유지하면서 행동한다는 의미는, 따라서 다른 사람들과 함께 그리고 다른 사람들을 위해서 행동하는 것이다. (이것은 추상화된 개인이나 불특정한 무엇이라는 의미가 아니라, 실재의 개별적인 인물이나 확정된 집단이나 사회라는 의미에서 파악된 것이다.)

필리아는 같이 사는 것이다.(아리스토텔레스, 《정치학》) 따라서 가족 속, 도시국가 속 등에 사회적으로 존재한다는 것을 집단화로 환원할 수 없다. 사회적으로 존재하기 때문에 **선한 것을 실행하려고 함께 행동하게 된다**.(같은 책) 함께 행동하기는, 활동하는 주체와 다른 사람과 도시국가의 **안녕을 위해 행동하는 것이기 때문에 잘 행동하는** 것이다.

## 3. 책임 있는 행동

1. 존재의 일반적인 목표인 '잘살기'(《니코마코스 윤리학》)는 잘 행동하는 데서 성취된다.(같은 책) 키타라(고대 그리스 현악기의 일종) 연주자의 본분이 키타라를 연주하는 것이라면, **좋은 키타라 연주자의 본분은 키타라를 잘 연주하는 것이다**.(같은 책) 따라서 잘 사는 것, 그것은 성공하는 것이다.

진정하고 완전하게 성공한다는 것은 단지 개별적인 것만은 아니다. 그것은 '덕분에 행동하는 것'에서부터 '위해서 행동하는 것'까지 전개된 '함께 행동하는 것'에서 유래한다. 행위에 대한 책임이 있는 사람의 개체성은 사라지지 않고 다양한 (개별체 상호간·사회적·정치적 등의) 수준의 관계에 의해 지원되고 확인된다. 그 관계는 특수하고 본원적인 개체성에 우선 사회적 지위를 부여하고, 보다 근본적으로는 그 개체성을 **인격**(personne)으로 만든다. "**인격**은 인간 존재의 소망을 나타내는데, 인간의 존재는 사람들 가운데 참여하고 있고, 세계 속에 우리가 있음을 보여 주는 공동체적 소명과 함께 자아에 충실하다. 개인은 분리되고 구별되려는 경향이 있고, 인격은 연대하려고 한다. 인격은 우리(nous) 속에서만 **나**(je)를 성취할 수 있음을 안다."(구스도르프, 《도덕적 존재론》)

2. 사회생활에 참여하고 '우리' 속에서 행동하면서, **인간의 인격은 자신이 하는 것과 또한 다른 사람과의 관계에 책임이 있다.** 어디까지 이 책임이 있는가? 책임은 어느 한 점에 국한된 행동의 한계를 넘어선다. ("우리의 행위는 우리 뒤를 따라다닌다.") 《존재와 무》의 제4부 3장('존재와 행위')의 한 문단('자유와 책임')에서, 사르트르는 **인간은 사람이 사는 세계는 물론 세계 전체에 대해 책임이 있다**고 단언하면서 다음과 같이 명확히 밝히고 있다. "우리는 책임이라는 단어를 '어떤 사건이나 어떤 대상을 만든 사람이라는 의식'이라고 하는 평범한 의미로 받아들인다. 이런 의미에서 대자(=인격)적인 책임

은 명백한 것이다."

 보편적인 불안의 원인인 이 책임은 우리가 무엇을 하든 불가피한 것이다. '아주 정확히 내 존재의 소재'인 것, 심사숙고한 어떤 선택도 하지 못하는 것(같은 책, '소유와 행위와 존재'), 존재하는(더욱 정확하게는 '존재한다고 믿는') 것의 무(無)로 그리고 모든 사물을 '무화(無化)'시키는(사물을 그 본질인 비활동성의 즉자로 근본적으로 변하게 한다는 의미에서 영향을 주는) 무한한 힘으로 파악되는 것, 그것은 자유라는 이름이다.

 이런 분석은 인간 행위의 한 측면을 선명하게 밝혀 준다. 우선 우리가 영향을 끼치는 사물을 의식함으로써 우리 영향의 '즉자'적인, 손대지 않은 중립성을 주관적인 것으로 대치한다. 그리고 우리 결정이 낳은 결과의 범위와, 우리 목표와 우리 행동이 만든 변환의 범위를 한정하는 것은 불가능하다. 우리에게는 행동과 관련된 책임과 함께, 우리가 생각하는 것보다 광범위한 확산된 책임이 있다. 따라서 우리는 행동에 참여하면서는 예기치 못한 책임을 가능한 한 져야 한다. "나는 그것을 하려고 한 것이 아니다"라는 제안은 분석이 불충분하다는 것을 나타낸다. 나는 나의 무책임을 책임질 준비가 되어 있어야 하며, 나의 사회적인 힘이 크면 클수록 더욱 그러하다.

3. 그러나 이러한 '실존적인 불안'에 머무는 것, 배우고 개

선된 기술에 따라 제한된 업적을 심사숙고하고 결정하며, 결단을 내리고 실현하는 데 근본이 되는 무능력의 고뇌 속에 사는 것, 그것은 '무슨 소용이 있는가?'라는 의문에 이르게 된다. **행동하고 하는 것은 무슨 소용이 있는가?** 차라리 외부의 강요에 의해, 그리고 충동의 내면적인 폭력에 의해 인도되는 것이 낫다.(주제 1 참고) 그러나 우리의 개체성을 형성하는 이러한 내적인 요소로 우리는 구성되어 있다.(주제 1 참고) 다른 사람들과 함께, 그리고 그들을 위해 행동하려고 우리가 그들과 함께 참여하는 사회생활에서 우리의 개체성은 그 인간적 실재인 인격을 획득한다. 자유로운 행동에서 각자는 "자각을 회복한다"라고 베르그송(《의식의 직접적인 소여에 관한 시론》, 주제 1 참고)이 말하였을 때, 그것은 행동하는 의지의 '계기(차원)'를 상정한 것이다.

현대에 올수록 우리의 행동은 멀리서 반향을 일으키고 있음이 분명하다. 우리가 서구에서 그러는 것처럼 자국에 머물러 살고 행동하는 것을 인정한다는 단순한 사실은, 전세계에 걸쳐 우리가 이용하는 복합적인 경제적·정치적 조직을 함축하고 있다. 이런 사실을 발견하면 우리는 몰랐던 참여를 알게 될 것이다. 그런데 참여는 추상적이거나 모호하지 않고 활동적이다. 우리는 가족·직업·사회 등의 상황을 고려해 우리가 해야 하는 것에 대해 우선적인 책임이 있다.

**책임 있게 행동하는 것**, 그것은 한편으로는 검토하고 결심하고 변경하는 데에 홀로 존재한다는 것이다. 그러나 그것은 **홀로 함께 존재하는 것이다**. 왜냐하면 한 인격의 참여로서의 이 참여는, 인격을 구성하고 인격이 발전시키는 관계를 내포하고 있기 때문이다. 우리는 우리의 개인적인 책임에 직면해야 하며, 그 책임이 공유되어 있음과 또한 거꾸로 우리에게도 다른 사람의 어떤 행동에 관해서는 공유된 책임이 있음을 알아야 한다. 그리고 그 어떤 행동이 무엇인지 아는 것은 중요하다. 그래서 "그것은 그의 일이지 내 일이 아니다"라는 흔히 쓰는 문구는 마땅히 비판되어야 한다.

행동하는 것을 분석함으로써 인간의 진정한(자유롭게 원하는) 모든 행동은 순수한 사고(스토아 철학)의 영향을 받고, 또한 다른 사람과 함께 참여해서 실현된다는 것을 발견할 수 있다. 주체 상호적이고 사회적인 이 차원은 사고와 결정과 실제 작업에 내재되어 있는 고독의 요소를 사라지게 하지는 못하지만, 필요한 지지를 그것에 제공한다. 상호적으로 우리는 우리의 행동을 주고, 우리는 다른 사람들과 함께 그들을 위해서 행동한다.

다른 사람들과 함께, 그리고 그들을 위해 참여한 인간에 의해 완수된 **책임 있는 행동은 진정한 인간 사고를 실현하는데,** 그러한 사고는 다른 사람과 사물에 주의를 기울이고(주제 1 참고), 그럼으로써 우리를 황폐하게 하고 **우리가 하지 않는 것에 대해 우리에게 책임을 지우는 몽상의 유혹에서 벗어난**

다. 시몬 베유는 약한 영혼인 상상으로의 도피를 주의의 힘과 대조시켰다. 인간 사고의 진정한 효력은 창조적이고 독자적인 힘을 꿈꾸는 데 있는 것이 아니라, 다른 사람들과 연결되어 있고 세계 속에 자리잡을 수 있는 특수한 능력이다.

【참고】 이렇게 간략하게 서술된 주제는 불안해질 위험이 있다. 무엇을 말할 수 있는가? 거기에서 '명제들'을 나열해 종이를 채우려는 유혹에 빠질 수가 있다. 그런 방식은 언제나 나쁜 것이다. 왜냐하면 왜곡시키지 않고는 철학을 압축할 수 없기 때문이다. 그렇다고 여러 철학의 입장에 대한 검토를 그만두라는 것은 아니다. 위에서 우리는 아리스토텔레스와 스토아 철학자들, 그리고 루소·헤겔·베르그송·하이데거·사르트르 등을 고찰하였다. 중요한 것은 **이러한 철학의 관점들이, 작성하고 있는 주제의 전개에 절실히 요청된다**는 것이다. 현재의 경우에는 홀로 행동하는 것에서 여러 수준의 '능력'을 분석해 봄으로써 구별해야 한다. 그 능력에는 절대적인 고독의 능력과 함께 행동하기의 능력·책임을 지는 능력 등이 있는데, 그 중에 앞의 두 수준은 실제로 행동하는 국면으로 간주되었다. 분석을 진전시키는 데 긍정적인 것이 있을 때 철학자들을 거론해야 한다. 그럴 때 그들의 한계를 지적하게 되겠지만, 가능한 한 조심스러워야 한다. 즉 거론되는 저자들에 대해 '아첨을 떨어야' 한다.

### 주제 3

# 권력의지는 의지의 최고 형태인가?

주제를 전개시키면서 우리는 의지가 약함일 수 없다는 것을 살펴보았고, 더구나 이것이 이 단어가 주는 인상이다. 그래서 베르그송(이 책의 주제 1 참고)은 의지에 내포되어 있는 힘과 기쁨에 대해 기술하였다. 그렇지만 목표로 삼은 것을 이루는 데 성공하기 위해서는 의지로는 충분하지가 않다. 고독에 기인한 실패, 즉 우리가 실제 상황에 처해질 때 극복되는 실패(이 책의 주제 2 참고)는 차치하고라도 **모든 의지에는 결함이 없는가?** 아우구스티누스는 육체를 복종시킬 수는 있지만, 영혼을 인도할 수는 없는 의지의 모순에 대해 설명하고 있다.(《고백록》) 의지는 여기저기 돌아다니고 동요하고 투쟁한다. 의지의 한 부분이 일어날 때 다른 부분은 쓰러진다. 다시 말하자면, **의지는 충일하기를 바라지 않는다**. 만약 의지가 전체적이라면, 그것은 이미 존재할 것이기 때문에 존재하기를 스스로 명하지는 않을 것이다.(같은 책) 의지는 공유되어 있어서 반쪽이기를 원하지만, 반쪽으로는 행하려 하지 않는다.(같은 책) 의지의 이러한 이중성을 이해할 수 있는가?

 의지는 힘에 대해 힘으로 대항한다. 힘은 자신의 내면에서는 무능력하지만, 지배의지에 있어서 투쟁은 외부로 굴절된다. 의지의 실제적인 힘이 머무는 곳은 이런 보상의 운동 안인가? 다른 사람들을 억압함으로써 자기 자신의 약함을 잊게 할지도 모른다. 그런데 니체의 '권력의지'는 이런 단계를 지나 긍정할 수 있는 능력으로, 그럼으로써 스스로 창조될 수 있는 능력으로 나아가고자 한다. 그 힘이 모든 이중성을 결정적으로 사라지게 하는지, 의지의 최고 형태에 진정으로 도달하는지를 알기 위해서는 이 과정을 분석할 필요가 있을 것이다.

### 1. 지배

 1. 조지 오웰의 소설 《1984년》(1949년에 출판된 예언적인 책)에는, 약하고 소심한 존재가 위협에서 벗어나기 위해 사랑하는 사람을 배반하는 장면이 나온다. "줄리아에게 그렇게 하세요! 나에게가 아니고! 그녀를 어떻게 하든 나는 상관없어요. 그녀의 얼굴을 찢어 버리세요! 그녀의 껍질을 뼛속까지 벗겨 버리세요! 내가 아니고, 줄리아를!" 그 소설에서는 체제가 난폭한 지배를 하면서 승리를 구가하고 있다. "만약 미래의 이미지를 원한다면, 인간의 얼굴을 영원히 짓밟고 있는 장

화를 상상하시오. 짓밟힐 얼굴은 언제나 있을 것입니다."

폭력의 이러한 극단적인 형태는 지배 운동의 종결이다. 그것은 이미 동물에 대한 잔인성으로 시작된다. 반 헬몬트는 빠져 나올 수 없는 깊은 병에 두꺼비 한 마리를 넣는 실험을 보고하고 있다. 그 두꺼비를 뚫어지게 쳐다보고 있으면, 두꺼비는 돌아누워서 당신을 뚫어지게 쳐다보다가 얼마 후에는 죽어 버린다. 거기에는 완전한 노예화의 욕구가 있었고, 그 결과가 소멸이다. 행위(얼굴을 대면한)는 눈부시고 뽐내는 것이었지만, 그 밑바닥에는 보상 욕구가 감추어져 있었다.

**2. 그러면 왜 보상을 구하는가?** 억압은 충동에 대한 두려움이다.(이 책의 주제 1, §1 참고) 심리적 움직임은 여기에서 동일한 구조를 가지고 있다. 사람은 자기 자신의 의지의 한계를 두려워한다. 인내심을 가지고 참여하는 대신, 자신의 고유한 조건을 실현시킬 가능성에 따라서 성공할 수 있는 것을 결정하기 위해 무제한적인 지배를 누리려고 한다. '모든 책임을 지고' 어려움에 직면하기를 거부한다면 의지는 약한 것이다. 그때는 용기가 없어 자신이 실현하지 못한 것을 다른 사람에게 강요하게 된다. 자신에 대한 자신의 작업은 내면의 작업이다.(이 책의 주제 1, §3 참고) 사람들은 다른 사람을 공격하면서 그것을 회피한다. 따라서 다른 사람을 실제로 조종할 수 없기 때문에 공격은 피할 수가 없다.

3. 이렇게 폭군은 자기 자신의 주인이 되지 못한 인간이다. 그래서 폭군은 두려워하고, 감시기구나 첩보기구·경호원 등을 강화시킨다. 그러나 그는 절대적으로 의존적이다. 유명한 변증법인 '지배와 예속'(헤겔, 《정신현상학》)에서, '주인'의 지위는 '노예'의 지위에 의존되어 있다. 지배는 잘못된 힘이다. 직면해 있는 "활동하는 의식은 자기 자신의 직관인 독자적인 존재의 직관에 이르게 된다."(같은 책) 이런 순수한 예속의 지위에 있지만, 에픽테투스는 두려움이 없다. 그는 '주인의 주인'이 된다.

## ㄹ. 권력의지

1. 헤겔이 순수한 사고의 이러한 승리를 발견한 곳은, 자기 자신의 행동에 종속되어 있지 않은 것은 바라지 않는 내면의 긴장인 스토아 철학이었다.(이 책의 주제 1, §1과 2를 참고) "금욕하라, 그리고 인내하라." 승리는 부정적인 것이다. 유효하고 실천적인 힘에 의해서가 아니라, 주인이 노예에 의존하기 때문에 노예는 주인이다. 그러나 이런 부정을 순수하고 단순한 부인과 혼돈해서는 안 된다. 부정은 지배를 파괴하는 것(예를 들면 주인을 죽이기)이 아니라, **이 지배 자체 내에 있는 모순을 밝히는 것**이다. 지배자는 그의 노예에 의존되어 있기

때문에 사실 지배되고 있다. 이러한 것이 헤겔이 밝혀내고, 더구나 역사가 진전함에 따라 동일한 일반적인 구조 아래 재생산될 운동이다. 이것이 그 유명한 변증법의 반이다. 즉 '정'은 일차적인 단계이고, '반'은 스스로 부정되는 이 정의 내재적인 모순인데 지금의 경우에는 주인은 사실 주인이 아니라는 것이고, '합'은 부정에 의해 처음의 정을 초월하는 새로운 단계로 갈등이 극복되는 것인데, 여기에서 이 합은 스토아 철학·순수한 사고·자신에 대한 주인이다.

이렇게 설명된 스토아 철학은 순수한 사고로 환원된 자유에 머물기 때문에 현실의 불행은 여전히 존재한다. 헤겔 자신에게 있어서도 부정은 필연적으로 사변적인 운동, 즉 '절대적인 지식'까지를 포함해서 철학에 있다. 의지의 힘은 그 무능을 일소하지 못한다. 그런데 **니체는 생의 의지의 적극적인 힘을 발견하였고,** 그는 "나는 내 자신에 지쳤다"라고 말하는 사람은 나약한 존재로 취급하였다.(《도덕 계통학》) 이 약함에 그는 힘을 대비시켰는데, 예를 들면 불만은 부정적인(제어할 수가 없는) 감정인 반면에 만족 속에 있는 힘을 그에 대비시켰다. 진정한 생명은 긍정적이고, 더구나 창조적인 힘이다.

2. 우리에게서 생명은 이렇게 영속적인 초월의 힘이 될 수 있다. 생명이 인간의 평범한 빈약함에 빠지게 내버려두지 않는 사람들은 '초인적인' 것을 지향한다.(《인간적인, 너무나 인

간적인》) 권력의지는 반대하려는 욕구와 혼동되어서는 안 된다. 그것은 갈등을 긍정적 힘으로 초월한다. 들뢰즈는 《니체와 철학》에서 긍정할 수 있는 힘에 대한 이 명제를 다음과 같이 요약하고 있다. "그것은 창조적인 힘으로 표현되고 발전된다. 권력의지는 복잡한 긍정의 원칙, 헌신의 원칙, 또는 주는 미덕이다." 들뢰즈는 또한 말하기를, 창조한다는 것은 "자기 자신을 극복하는 행동"이라는 의미에서 정복한다는 것과 동일하다.

현실적인 권력의지는 지배를 추구해서는 안 될 것이다. **창조하고 헌신하는 원칙은 절대적으로, 그리고 순수하게 긍정적이어야 한다.** 그렇게 해서 현실적인 인간은 '초인'으로 초월될 것이다. 현재 모든 사람은 동물과 초인 사이의 심연 위에 팽팽하게 걸쳐진 다리이고 줄이다. 순수한 긍정인 '초인'은 위대한 '예'일 것이다. 차라투스트라는 거대하고 무제한적으로 '예'와 '아멘'을 말한다(동의한다). 그런데 이 '거대하고 무제한적인' 의지는 무엇인가? 차라투스트라는 이렇게 대답하였다. "아 친구들이여, 내 모든 마음을 여러분들이 알아차리기를! 만약 신이 존재한다면, 내가 신이 아니라는 것을 어떻게 참을 수 있을 것인가?"

3. 조르주 바타유는 《니체에 대하여》라는 그의 연구에서 다음과 같이 지적하고 있다. "니체의 논설에는 좇아갈 수 없는

이상한 것이 있다. 그 논설은 불명확하고 종종 눈부신 섬광을 우리들 앞에 설정하지만, 어떤 길도 지시된 방향으로 뻗어 있지 않다." 서로 다른 힘을 통일하는 '다중적인 인간, 약하고 다중적인 인간'을 극복하는 '위대한 종합적 인간'에 도달하기를 사실 니체는 원했다.(《권력에의 의지》) 이러한 권력의지는 또한 '자기 자신을 찬미'하는 것이다.(《선악의 피안》) 그런데 어떤 의미로 자신을 찬미하기를 원하는가? 그것이 다른 사람들과의 관계 속에 있다면, 우리는 공통적인 인간의 범위 내에 머물러 있는 것이다. 결국 **니체는 반소크라테스, 반예수이기를 원했던 것이다.**(《도덕 계통학》) 광기에 빠지기 전인 1888년 11월의 한 편지에서, 그는 "이 사람을 보라(Ecce Homo; 〈요한복음〉 19장 5절 참고): 십자가에 못박힌 사람에 대한 조그만한 거리낌도 없는 살해 기도"라고 썼다. 《이 사람을 보라》는 니체 자신의 자서전 제목이기도 한데, 가시 면류관을 쓰고 침으로 뒤범벅이 된 채 채찍질당한 예수 그리스도를 군중에게 내주면서 필라테(빌라도)가 한 말에서 취한 것이다. 왜 '살해 기도'인가? 왜 '반'을 자처하는가? 이 근본적인 질문들은 '권력의지'에 대한 니체의 관념을 내부에서부터 침식해 들어간다. 거기에는 긍정과 힘의 조건으로서의 최초의 (약자 등의) 거부가 있을 뿐만 아니라, 또한 파괴가 현존하고 있다. "알려진 모든 가치를 적극적으로 파괴하는 것으로서의 파괴는 창조자의 흔적이다. 이 두 가지의 거부와 분리된다면,

긍정은 아무것도 아니고 스스로 입증할 수도 없다."(들뢰즈)
 부정 없이는 무능력한 '적극적인 파괴'는 창조가 아니다. 니체의 '권력의지'는 전능한 긍정이 아니다. 왜냐하면 그것은 부정하지 않고는 입증될 수가 없기 때문이다.

### 3. 최고의 의지력

1. 순수한 의지는 헌신적이고 창조적이라고 생각할 수 있다. 그 능력은 내부의 어떤 약함으로 한정되지는 않을 것이며, 스스로의 힘으로 발휘될 것이다. 그래도 아직 그것은 지배자일 것인가? 만일 그렇다면 그것은, 다른 사람과의 그 관계가 지위를 확보하기 위해 부정(모든 가치를 파괴)해야 할 처지에 놓여지기 때문일 것이다. 왜냐하면 의지는 예속된 존재에 행사되지 않고는 지배할 수 없기 때문이다.

 지배와 예속은 상호적이고 불가분한 것이다. 역사를 통해 줄곧 발견되는 인간 상황을 지배와 예속은 보여 준다. 그 중 어느것도 진정으로 힘은 아니다. 노예는 주인에게 필요불가결할지라도, 또는 사고의 내면적 자유를 스스로는 누릴지라도 그는 권력의지의 최고의 수준에 다다를 수는 없다. '지배-예속'의 관계에서 벗어날 필요가 있을 것이다.

2. 최고의 순수한 의지에는 **지배할 필요 없이** 스스로 의지가 될 수 있는 힘이 있을 것이다. 진정한 힘은 스스로, 즉 아무것도 부족함이 없고 적이 없는 그대로 존재해야 할 것이다. 그 힘은 싸울 필요가 없을 것이다.

  플라톤이 모든 실재의 근본으로 상정하는 선은 헌신하는 것으로 이해할 수 있고, 그것은 존재와 명료함을 준다.(《국가》) 이 기본적인 (그것 자체는 원칙이 없는) 원칙은 따라서 스스로 존재하고, 그 파급 효과에 의해 이데아는 탁월함을 얻는다. 여기에서 이 표현의 요구에 응하는 것이 '권력의지'일 것이다. 이것이 플라톤의 한 제자가 이 원칙을 순수하고 절대적인 의지라고 여긴 이유이다.(플로티노스)

  3. 그러면 **우리는** 어떻게 통상적인 평범을 초월해서 이러한 '권력의지'의 범위 내에 존재할 것인가? 우리는 어떤 부정적인 계기도 더 이상 유지해서는 안 될 것이다. 차라투스트라의 '예'는 유일하게 기쁜 힘으로만 나타나야 할 것이다. 그런데 사실 본질적인 욕망의 틀림없는 증거가 되는 것은 허구가 아닌 다른 것인가?

  실제로 존재하였고, 또 주요한 증언을 하는 존재에 대한 설명을 베르그송에서 찾아볼 수 있다. 그것은 신비주의자들이고, 베르그송은 그들의 행동을 요약하고 있다.(《도덕과 종교의 두 원천》) 그들을 특징짓는 것은 그들이 해야 하는 것에 대해 아주 단순하고 명확한 시각을 가지고 있다는 것, 그리고 장애와 복잡성을 알지 못하는 것처럼 보이는 실천력으로 그들이 해야 하는 것을 한다는 것이다. '거부할 수 없는 압박'이 그들의 내면에 있고, 그들을 이끈다. 그것이 그들을 '가장 거대한 사업'에 투신케 한다. 그들에게는 또한 그늘 없는 희열이 있다. 이 존재들에게는 적이 없고, 따라서 투쟁이 없다고 말할 수 있다. 플라톤에 따르면, 그들은 진심으로 선을 지향하는 존재들이다. 의지적인 욕구의 약동은 그들에게는 전적으로 긍정적이고, 힘(권력)은 기쁨과 일치한다.

진정한 힘은 의지와 다르지 않다. 거기에는 어떠한 이중성도 없다. 의지는 힘을 원할 필요가 없다. 왜냐하면 의지는 힘과 일치하기 때문이다. 만약 그렇지 않다면 의지는 투쟁과 부정에 머무를 것이고, 의지에 반대된다고 생각되는 것을 파괴해야 한다고 믿을 것이다. 진정한 '권력의지'는 의지와 창조의 완벽한 통일이다.

【참고】 이 주제는 니체에 '초점이 맞추어져' 있다. 그런데 마치 교수자격시험을 치르는 것처럼 철학사에 대해 논술해서는 안 될 것이다. 다른 두 가지의 잘못은 니체에 대한 변호를 진술하는 것, 그리고 그를 반박한다고 주장하는 것이다. 니체는 진리의 문제를 의미의 문제로 대체하고자 했다.(들뢰즈) 지혜에 대한 사랑인 철학이 진리를 추구하는 것이라고 생각

한다면, **니체의 문제의식이 내재적인 한계가 있음을 그 자체로 보여 줄 수 있도록 그의 문제의식에 몰입하는 것으로 시작해야 한다.** 이 사상가에 우호적인 저자들(바타유·들뢰즈)이 하는 것은 그 나머지 일이다. 차라투스트라의 입에서 나온 고백("내가 신이 아니라는 것을 어떻게 참을 수 있을 것인가?")은 니체가 일으킨 반발의 '의미(뜻과 방향)'를 보여 주고, (그를 내세우는 근대의 중심 주제를 회복하기 위해) **"그래서 그는 말하고자 한다"**를 지적하고 있다. 이 '점'으로 향하는 것은 정상이다. 이 최고의 것은 그 자체가 우리들이 숭고하다고 간주한 것이다.(주제 2 §3 참고)

# 2

# 의무의 문제

 'Devoir'〔명사로는 '의무,' 동사로는 '해야 하다'의 뜻을 가진 단어〕라는 이 용어는 동사이면서 명사이다. 우리가 해야할 때는, 의무가 있거나 엄청날 수도 있는 빚을 지고 있는 것이다. "나는 그에게 생명을 빚지고 있다"면, 그 결과 깊은 의무감이 생긴다. 빚은 이렇게 하잘것 없는 얼마간의 돈에서부터 헤아릴 수 없는 자산에까지 이를 수도 있다. '의무,' 그것은 또한 엄격한 칸트로부터 열광을 불러일으키는 실체이기도 하다. "의무, 숭고하고 위대한 이름이여! 너는 기분 좋은 것은 아무것도 네 속에 감추고 있지 않구나……."

 많든적든 빚이 있거나 복종한다는 것은 불유쾌한 도덕법칙의 의무가 있다는 것이다. 만일 이러한 것이 **의무를 가진 존재의 조건이라면, 그 존재의 자유에서 무엇이 남는가?** "결국 나는 내 마음에 드는 것을 할 권리가 있지 않은가?" 이것은 자주 듣지만 쉽게 배격되는 소리이다.('의지의 문제'의 주제 1, 도입부 참고: "어쩔 수가 없었어") 더욱 미묘한 것은 "혼란보다는 부정(不正)이 낫다"(괴테)는 반대되는 유형이다. 이럴 때 "목적은 수단을 정당화한다"고 사람들은 믿는다. 결정된 목표가 선인 것처럼 보인다면, 우리는 그것을 어떤 값을 치르더라도 효과적으로 실현해야 할 것이다. 그렇게까지는 아니더라도, 그것이 도덕적 의무에 합당할 것인지를 알기 어려울 때가 가끔 있기 때문에, 활동을 포기하든지 불확실하거나 유감스러울지도 모르는 시도를 감수할 수도 있다. 혹자는 심지어 '의도를 조종'하고, 그 의도만을 허락된 사상으로 인도할 수도 있을 것이다. 여기에서 파스칼이 《시골친구에게 쓴 편지》에서 비난해 마지않던 그 유명한 결의론(casuistique; 그리스도교의 계율로 선악을 분별할 수 없는 문제에 대해 양심에 따라 행동을 결정해야 한다는 도덕신학)에 이르게 된다.(주제 3 참고)

효과적인 것은 확실히 하나의 선이다. 왜냐하면 그것은 하나의 성공이기 때문이다. 그런데 선의 이러한 측면은 성공을 전적으로 만족스럽게 하기에는 충분치 않다. 그 반대로 '좋은 의지'는 무제한적으로 선하다.('의지의 문제'의 주제 3) 그럼에도 불구하고 좋은 의지는 무능할 수가 없다. "칸트 철학은 순수한 손을 가지고 있지만, 그러나 손이 없다."(페기의 《빅토르 마리, 위고 백작》에 있는 유명한 말) 그리고 '손을 더럽히는 것'은 불가피하다고 사르트르 저작의 한 인물은 말하고 있다.(《더러운 손》) 명백하든 위선적이든 잘못 행동하기를 원하지 않는다면 '의무의 갈등'에 처할 수도 있다. 그러면 '보다 작은 잘못'을 말할 것이다. 그런데 이 표현에 어떤 의미를 부여할 것인가? 잘못 행동하는 것에서 그 정도는 어떨 수가 있

는가?(주제 3 참고)

우리는 "잘못 행동한다" 또는 "잘못 한다"라고 말한다. 이때 '잘못(mal)'이란 단어는 부사이다. 그 단어를 명사로 취급할 수 있을까? 그렇다면 '악(Mal)'은 하나의 존재일 것이다. 그런데 **모든 존재는 있는 것으로서**(존재하는 것으로서, 그런 본성을 가진 것으로서) **선하다.** 아리스토텔레스는 '선'을 도덕의 대상으로 다루었고(《니코마코스 윤리학》), 선에 대한 열망은 그 결과인 행복과 더불어 '행복주의 도덕(eudémoniste morale)'에서 기본 원리로 취급되었는데, 그리스어의 부사인 'eu'는 좋은(bon) 성취·행복(bonheur)·친절(bonté) 등의 관념을 포함하고 있다. 선은 우리의 모든 욕구가 추구하는 최고의 완벽한 목표이기 때문에, 행복주의는 '선에 관한 도덕'이다. 그런데 칸트는 이 도덕이 '의무'를 무시한다고 비난하였다. 그에 따르면 의무야말로 유일하게 '숭고하고 위대한' 것이고, 선은 효용적인 것과 혼동될 위험이 있다는 것이다. 그렇지만 그는 '선한(좋은: gut)'이라는 용어에 어느 정도의 중요성을 부여하고 있으며, 그 용어는 존재하는 것이 아니라 바랄 능력의 대상이 **되어야만 하는 것**을 지칭하고 있다. 따라서 도덕법칙은 선 개념의 기초가 되고, 그 역은 성립되지 않는다.(《실천이성비판》, 주제 1 참고)

'선'과 '행복'은 도덕의 절대적인 목적에서 사라져야 할 것이다. 그렇지 않다면 그것은 본질적으로 이성적이기만 한 의무의 순수함을 타락시킬 위험이 있다. 그것은 실천적 사용에 있어서 이성의 명령이다. "**자유와 무제약의 실천법칙은 따라서 서로 반립**(伴立)**되어 있다.**"(《실천이성비판》) 무제약은 플라톤이 말하는 무가설, 즉 모든 것이 걸려 있는 최고 원칙의 무가설의 역할을 한다. 반립(implication; 두 명제 중 한 명제의 진실이 다른 명제의 진실을 논리적으로 가능케 하는 관계)은 다음과 같다. 자유는 의식에서 주어진 것이 아니라, 도덕적 의무에 대한 우리 경험의 선험적인 조건이자 그 존재 이유(ratio essendi; 우리가 그것을 설명하기 위해 소급해 올라가는 것)이다. 우리가 감지하는 의무는 감추어진, '실체적인'(즉 관념적이지, 감각적이지는 않은) 자유의 의식 이유(ratio cognoscendi; 우리가 그에 대해 의식하고 있기 때문에 우리로 하여금 인식하게 해주는 것)이다.('자유의 문제'의 주제 3 참고)

도덕적 경험은 의무에 복종함으로써 우리 최고의 경험이자 우리 자유의 증거가 될 것이다.(주제 1 참고) 그뿐만 아니라 이로부터 칸트는 영혼과 신(《순수이성비판》에서는 '초월적 환상'의 영역에 해당된다)에 대한 형이상학의 고전적인 명제를 재발견하게 된다.

## 주제 1

# 도덕법칙의 의무에 복종하면서도 자유로울 수 있는가?

'복종한다'는 것은 다른 존재의 종속이나 권위하에, 또는 더 나아가 다른 존재가 강요한 규칙하에 놓여 있는 존재의 행동을 가리킨다. 예속은 복종의 상태이다.('의지의 문제'의 주제 3, §1 참고) 그런데 이 추종상태에서 노예는 주인의 주인이 된다. (왜냐하면 주인은 노예에 의존하기 때문이다.) 이렇게 의무에 복종하면서도 외견상의 지위를 전복시킬 수가 있다. 이런 것은, 예를 들면 국가의 법에 순종하는 데서도 생긴다. 노예처럼 (사회에서) 필요불가결하게 되었고, 계략을 써서 사회적인 계층 상승을 했다는 사실은 권력으로 조금씩 이동한다는 것이다. 역사는 이러한 변증법의 예들로 가득 차 있다. 노예가 '자유로운 몸이 된' 다음 황제의 총애를 받아서 국가를 이끈다든가, 프롤레타리아가 노동조합이나 정당의 지도부에 올라 법을 행한다(프롤레타리아는 파업을 일으키고, 법률이 그의 요구를 만족시켜 줄 때까지 나라를 마비시킨다)는 것이 그런 예들이다.

하나의 복종에서 또 다른 복종으로, 즉 자신의 의지를 강요하는 권력은 권력이 지배하는 사람들로부터 외재적이어서, 갈등의 운동은 재생산될 것이고 역할은 새로이 뒤집혀질 것이다. 따라서 평화는 불가능하다. 그러면 도덕법칙 또한 반발하는 의지를 복종시키는 외재적인 힘인가? 어떤 사람들은 부모나 교육자·국가가 강요한 규칙의 내면화만 주시하면서 그렇다고 믿는다. 그러나 문화적인 압력이 우리에게 영향을 끼치게 되는 심리적인 과정을 '내면화'라는 단어로 설명하는 것에 우리는 만족할 수 있을까? 우선 모든 외부적인 압력이 내면화되는 것은 아니다. (공포정치는 개인의 의식을 말살할 수 없고, 현대의 전제정치를 통해 그것을 경험하였다.) 그 다음 프로이트는 개인의 발달에 장애가 되는 **억압적인 '초자아'와는 별도로**, 바람직한 사회적 통합의 원천인 **이상아**(理想我)를 설정하고 있다. 그러나 다른 사람들은 이 원천이 본래 심리적인 심급인 것으로 간주하는데, 그 심급은 사랑하는 '대상'(정신분석학적인 어휘로는 인간 존재)의 이미지를 토대로 형성되고, '자아'는 사랑으로 그 이미지에 복종한다.(눈베르크, 《**정신분석학 원론**》) **강요인가 사랑인가?** 이미 '승화'의 과정에 대한 분석에서 정신분석학의 근본적인 모호성을 밝혀낸 적이 있다.('의지의 문제'의 주제 1, §3 참고)

외부적인 의무에 대한 복종이 이러한 문제들을 제기한다

면, 의무가 도덕법칙에서 유래할 때는 어떨 것인가? 더구나 복수로 구성된 의무 '들'은 어떻게 도덕법칙의 단일성에서 나오는가?

## 1. 도덕법칙, '정언적 명령'

1. 칸트는 순수실천이성의 방법론에서, "무고하지만 아무런 힘도 없는 사람(예를 들면 영국 왕 헨리 8세에 의해 고소된 천일의 앤 불린 같은)을 중상모략하는 측에 가담하도록 결정해야 하는 정직한 어떤 사람"의 이야기를 열 살 된 어린아이에게 해주고 있다. 그는 약속에서 위협에 이르기까지 여러 가지 압력을 나열하고 있는데, 심지어 어린아이의 가족을 협박해서 그 가족이 어린아이에게 굴복하라고 간청하러 올 정도의 위협도 있다. '나의 어린 청취자'는 감탄하다가, 마침내 숭배하게 될 것이다. 왜 그렇게 되는가? 왜냐하면 그는 행복과는 전혀 다른 '도덕적 원칙의 순수함'을 지각하기 때문이다. 이 정직한 사람에게 있어서 도덕법칙은 결정의 내면적인 원칙으로 제시된다. 그는 도덕법칙을 준수하면서 스스로 결정한다.('스스로 결정하기'에 대해서는 '의지의 문제'의 주제 1, §3 참고)

주체가 마주칠 모든 불리함에도 불구하고, 주체가 원하는 이러한 도덕법칙은 유명한 의인법으로 표현된다. "의무, 숭고하고 위대한 이름이여! 너는 기분 좋은 것은 아무것도, 암시를 주는 것은 아무것도 네 속에 감추고 있지 않고 단지 복종을 주장하는 것만 감추고 있구나. 그 스스로 영혼에 이르는 길을 발견하고, 그렇지만 우리를 무시하고 스스로 숭배(아니면 언제나 순종)를 획득하는 법칙만을 너는 제시하는구나. 어떤 기원이 너에게 합당하며, 고귀한 네 줄기의 뿌리를 어디에서 찾을 수 있는가…?"(《순수실천이성의 동기》)

본질적으로 도덕적인 이러한 의무의 성질은 무엇인가? 그것은 욕망의 대상에 근거를 두고 있지 않다.(같은 책) 왜냐하면, 만일 그렇다면 그것은 우리의 의지를 유인하는 어떤 외재적인 것일 수 있기 때문이다. 그렇다면 의지는 자율적인 것이 아니라 타율적인 것이 될 터이다. ('자율적'이라는 것은 스스로 자신의 법칙을 상정하는 것이고, '타율적'이라는 것은 다른 존재나 다른 원칙에서 자신의 법칙을 수용하는 것인데, 타율적이면 의지는 욕망에 복종한다.) 사회적인 법칙이 그 자체로는 타율적이라는 것은 확실하지만, 그것이 도덕적이라면 한 주체의 의지에 의해 주체의 고유한 법칙으로 상정될 수 있다. 그러면 사회적인 법칙은 이 주체에게는 자율적인 것이 된다.

2. 만약 도덕법칙이 타율적인 규칙으로 감내하지 않아도 되는 내 이성의 법칙이라면, '복종'을 말할 수 있는가? 그런데 의무에 관한 의인법에서는 '복종'이라는 단어가 표현되어 있

고, 순종이 **항상 실현되지**는 않는다는 것이 실토되고 있다. 이 것은 내부 분열의 표시이고, 성 아우구스티누스가 분석한 의지의 이중성은 바로 내부 분열을 경험적으로 표현한 것이다.('의지의 문제'의 주제 3 참고) 《도덕형이상학기초》의 제1장은 다음을 확인하면서 끝을 맺는다. "이성이 그렇게 높이 존중할 만한 것으로 표현하는 의무의 모든 명령에 반대해서, 인간은 강력한 저항력을 스스로 느낀다. 저항력은 나름대로의 필요와 경향이 있고, 그것의 완전한 충족은 그 눈에는 행복이라는 이름으로 요약된다." 그런데 이성은 "대단히 소란스럽고, 그래서 외견상 대단히 정당하기까지 한 이런 주장"을 고려하지 않고 도덕법칙을 천명한다. 여기서 일종의 '자연적 변증법,' 즉 **의무의 엄격한 규칙에 반대해 교묘하게 세련화하려는 경향**이 그 결과로 나온다. 그래서 칸트는 《순수실천이성의 원칙》에서 kopfvewirren Spekulationen(뒤틀린 정신의 복잡하게 얽힌 사유)이라는 용어를 사용하고 있다.

"우리가 의식하고 있는 사실로서 주어진 것"(같은 책)이며 보편적 법칙인 이성의 법칙은, 인간에게 있어서 명령의 형태를 취한다. 왜냐하면 인간은 무한한 존재의 의지와 같은 **신성한 의지가 아니라 '순수한 의지'를 가질(이성적일) 수가 있기** 때문이다. 신성한 의지는 도덕법칙에 반하는 그 어떤 것도 그 속에 가지고 있지 않지만, 인간에게 있어서 '도덕법칙은 하나의 명령이다.'

**3.** 의무, 즉 절대적인 도덕적 의무는 특수한 의무들로, 즉 여러 가지 의무들로 다양화할 것인가? 의무는 어떤 대상을 목표로 삼지 않는다. 왜냐하면 의무가 어떤 대상을 목표로 삼는다면 대상은 목적이, 의무는 수단이 될 것이기 때문이다. 즉 만일 네가 시험에 통과하기를 원한다면 너는 열심히 공부해야 하고 기타 등등을 해야 한다라든가, 만일 네가 행복하기를 원한다면 너는 건강에 유의해야 하고 친절해야 하며 거짓말하기를 삼가야 하고 기타 등등을 해야 한다와 같은 예들을 들 수가 있다. 이 예들에서 모든 규칙들은 명백히 다수이고, 그것은 처방들이거나 조언들 등등이다. 그리고 그 규칙들은 도달해야 할 목적에 의해 조건지어진다. **만일 네가 이것을 원한다면, 너는 저것을 해야 한다.** "너는 해야 한다"는 명령은 가정에 종속되어 있기 때문에 그것 역시 가정적이다.

그와는 반대로 도덕법칙은 조건 없는 명령으로 표현된다. 즉 그것은 분명히 하나의 '정언적 명령'이다. 그 공식은 어떠한 대상이나 조건도 포함하지 않기 때문에 간결하다. 그것은 모든 이성적인 존재의 법칙이다. 따라서 법칙에는 어떠한 예외도 없으며, 법칙은 보편적이라는 것을 공식은 상정한다. 그 결과 다음과 같은 공식이 나온다.

> 네 의지의 행동원칙(maxime)이 항상 보편적인 법칙의 원칙으로서 동시에 빛나도록 행동하라. (행동원칙은 행동의

주관적인 원칙, 스스로에게 부과한 규칙이다.)

《도덕형이상학기초》(제2장)에는 유일하고 보편적인 이 법칙이 적용되는 여러 가지 예들이 나열되어 있다. 만일 '도덕법칙의 의무'가 복수라면, 그것은 **이성의 법칙이 우리의 모든 활동에 봉사해야 하는 것이 아니라 그것을 지배해야 하기** 때문이다.

## 2. 의무와 자유

1. 칸트는 이렇게 추론하였다. 만약 우리가 자유롭지 않다면, 우리는 의무에 복종하지 않을 것이다. (동물은 본능이나 조련사에게 강요당하므로 도덕적 의미에서의 의무가 없다.) **도덕적 의무로 나는 나에게 스스로 의무를 지운다.** 즉 나의 존재는 의무를 부과하는 '나'이면서, 동시에 의무에 복종하는 '나에게'이다. 그 때문에 도덕법칙은 자유를 의식하게 해주는 것이 되고, 자유는 다시 법칙의 존재 이유가 된다. 이 내면의 의무는 하나의 사실, 이성이라는 사실이다. 우리에게 있어서 의무는 하나의 특수한 감정인 **도덕법칙에 대한 존중**으로 표출된다. 칸트는 이러한 존중을 유일한 실천(=도덕) 감정으로, 그외의 다른 모든 것은 '병적인'(그에게는 도덕법칙을 고려하

지 않고 우리를 이끌려고 하는 욕망의 힘 ; 욕망은 우리를 수동적으로 만든다) 것으로 간주하였다. 우리는 우리의 의무를 기꺼이 수행하지 않는데, 왜냐하면 "무엇을 기꺼이 해야 한다는 명령은 그 자체가 모순된다."(《순수실천이성의 원칙》)

2. 도덕법칙은 "추정을 때려눕히는데," 그로 인해 그것은 우리를 겸손하게 만든다.(《순수실천이성의 동기》) 존중의 감정은 "항상 유일하게 사람에게만 적용될 뿐 절대로 사물에게는 적용되지 않는다."(같은 책) 도덕법칙은 어떠한 즐거움도 유발시키지 않는다. 그렇지만 사람들은 자유롭게 행동했다는 것을 의식하기 때문에, 도덕법칙은 자기 자신의 동의를 진작시키고 낳는다.(같은 책) 그렇지만 칸트는 '신에 대한 사랑,' 즉 '인간의 실천적 사랑(실천적=도덕적)'을 인정한다. 그러나 그것의 실현은 우리의 의지가 취하는 방향 끝에 자리잡고 있고, 우리의 의지는 이 실천적 사랑을 지향할 수밖에 없다. 따라서 우리는 "끊임없고 무한한 향상에 의해 그 사랑에 접근해야"만 한다.(같은 책) 이것은 영혼의 불멸에 대한 일종의 증거가 될 것이다. 이런 고전적인 입장은 '실천이성의 공리'가 된다. (실천이성은 **무한으로 향하는 향상의 한계점**에서 신성하게 되는 의지에 의해, 도덕법칙을 완벽하게 수행하기 위해 요청된다.)

3. 의무가 완수되었다는 감정이나, 또는 도덕법칙에 순종함

으로써 성벽으로부터 해방되는 것이 가능함을 아는 것만으로도 큰 만족이 생긴다. (《순수실천이성의 방법론》; 이러한 감정은 이제 '병적'이 아니다.) 즉 "마음이 가벼워진다." 마음은 "그때까지는 잘 몰랐던 내면의 힘, 즉 내면의 자유"를 발견한다.(같은 책) 이렇게 해서 나는 "성벽과 상황에 대해 독립적인 의식을 가질 수 있고, 내 자신에 자족할 수 있는 가능성을 의식"할 수 있다. 그렇게 함으로써 도덕법칙은 "우리의 자유를 의식하고 있는, 우리 자신에 대한 존중으로 인해 보다 쉬운 길"을 발견할 것이다.(같은 책)

같은 책에서 도덕의 교육으로 넘어갈 때, 칸트는 첫 분석의 냉엄한 엄중함을 수정한다는 것을 우리는 확인할 수 있다. 그 이유는 학생들을 의기소침하게 만들 필요가 없기 때문일 것이다. 자유는 이제 의무가 존재한다는 것을 이해할 수 있게 해주는 하나의 원칙으로서만 상정되는 것이 아니라, 그것은 의식을 가지게 된다. 그러면 도덕적 실천은 행복하게 해주는 데까지 이를 것인가? 칸트의 엄격함은 거기까지 이르는 것을 허락하지 않는다. 그러나 '별이 빛나는 하늘' 한켠에서, 도덕법칙은 "그것에 연결되고 적용되는 성찰의 정도에 따라 항상 증가하고, 항상 새로운 감탄과 숭배"로 그 핵심을 채운다. 도덕법칙은 나의 인격에서 시작하고, "그리고 진정한 무한성을 가진 세계로 나를 인도한다." 그럼으로써 그것은 "나의 가치를 무한히 드높인다."(《실천이성비판》의 최종적인 결론)

## 3. 도덕법칙인가, 선인가?

1. 도덕법칙이 우리의 자유의지에 부과하는 모든 의무에 따라 도덕법칙에 '복종한다'는 것, 이것이 칸트가 강조하는 엄격의 측면이다. 그는 '방법론'에서(즉 그의 교육의 원칙에서) '정직한 사람'의 예를 제시하고 있고, 그 예가 "또한 그를 말로 표현할 수 없을 정도의 고통에 빠뜨리는 세상을 보지 말았더라면 하고 바라는 순간"에까지 이르는 것을 보여 주고 있다. 이것이 순수한 덕의 유형이다. **순수한 덕은 무엇인가를 가져다 주기 때문이 아니라, 많은 대가를 치르게 하는 까닭에서만 그만한 가치를 지닌다.** 또한 다음과 같은 표현으로 이런 엄격주의적 입장을 요약할 수 있다. "만일 의무를 행하는 데 있어서 그 어떤 즐거움을 취한다면, 나는 그 의무의 순수성을 타락시키는 것이 된다."

그렇지만 또 다른 감정, 즉 지금까지는 언급되지 않았던 '내면의 힘'인 내면의 자유를 발견하는 만족감이 칸트의 저서 마지막에 있음을 우리는 확인하였다. 우리가 분석한 책은 1788년의 것이다. 칸트는 6년 후에 **모든 사물의 종말**에 관한 논문에서, '실천적 사랑'에 대해 윤곽만 잡았던 것을 발전시켜 그가 다시 '사랑'이라고 부르는 도덕의 주관적 근본을 강조하게 된다.

사랑은 타인의 의지를 계명으로 자유로이 수용하는 것이고, 인간의 불완전성에 필요불가결한 보조물의 모습으로 결국 나타나서, 이성이 법칙이라고 규정하는 것을 이행할 의무를 인간에게 지운다. 진심으로 행동하지 않을 때, 그것은 아주 비루하게 행동하는 것이고, 의무의 법칙을 모면할 수많은 교묘한 변명을 찾아낸다. 그렇기 때문에 사랑의 협력 없이 이 법칙만으로 원동력을 삼기 위해 이 법칙에 기대는 것은 확실히 불가능하다. "누구에게 어떤 행동을 수행하도록 명령하는 것뿐만 아니라, 더욱이 그것을 유혹에 의해 수행하도록 명령하는 것에도 모순이 있다"는 것을 이어서 알게 된다.

칸트는 마침내 또 다른 힘을 거론하기에 이른다.

그리스도교는 의무를 일반적으로 기꺼이 완수하게 하려고 시도하고, 그것에 성공한다. 성공하는 까닭은 그리스도교의 창시자가 순종을 요구하는 의지를 가진 전제자로서 말하는 것이 아니라, 그와 동등한 사람들의 마음속에 그들 자신의 것임에 분명한 의지를 불러일으키는 인간의 친구로서 말하기 때문이다. 그 의지는, 그들이 서로 이해되는 것을 안다면 그들 스스로 의지에 따라 행동할, 그런 의지이다.

2. '자유의 내면적인 힘,' '그와 동등한 사람들의 마음속에 그들의 것임이 분명한 의지(=좋은 의지)를 불러일으키는 인간의 친구.' 여기에서 우리는 도덕법칙을 완수하는 '마음'의 자유로운 운동에 관한 두 가지 기원이 있다는 것을 알 수 있다. 칸트의 도덕에 대해 심사숙고한 장 나베르는, 의무와 열망의 관계에 관한 문제를 다시 취급하였다. 그는 의무는 우선 이 열망을 감추고 있지만, 보다 깊이는 이 열망이 "자연적인 성향의 껍질에서 벗어날 수 있도록" 의무가 도와 준다고 보았다. 이렇게 "의무는 열망의 실체적인 만족을 마련한다"는 것이다.(《윤리학 개론》) **진정한 질서를 존중하기 위해 혼란을 교정할 의무를 내가 스스로 지는 것은**, 혼란스러운 욕망에 반대하는 저항 때문이고 선을 향한 크나큰 열망 때문이다. 진정한 질서는 영혼에 조화를 확립하는데, 플라톤은 충동적인(칸트적인 의미로는 '병적인') 욕망을 어떻게 제어할 것인가를 설명할 때 이에 대해 기술했었다.('의지의 문제'의 주제 1 참고) 이 조화는 하나의 힘이고('의지의 문제'의 주제 3 참고) 조금씩 통일되는 삶의 결과이다. "의무는 의지의 목적인 선과 분리될 수 없다. 의식이 더 많이 통일됨에 따라 의무는 사라지게 될 것이다. 그리고 의무가 압도하는 곳에서는 충분한 사랑이란 결코 없다."(라벨,《가치론》)

3. 내면적이고 자유롭고 즐거운 이 힘은, 아리스토텔레스가

이 단어에 부여한 의미에 따르면 덕(vertu)이다. 이것은 부정적인 강요가 아니라 탁월함이다. '덕'으로 번역되는 아레테(arétê)의 어원에는, 친절과 빛이라는 개념을 도입하는 Ar이라는 어근이 있다. 덕은 견고하고 확고하고 자유로운 선택의 결과로 획득되며, 자신의 개별적인 상황 속에서 존재하는 그대로의 인간에게 실제로 좋은 것을 지향하는 기질이다. (《니코마코스 윤리학》: 그것은 과대한 상태이거나 과소한 상태로, 상반된 두 지나침 사이의 극치이다.) 따라서 의무의 측면은 의심할 여지없이, 종종 불가피하긴 하지만 선과 분리되어서는 안 된다.(라벨) 내면이 이렇게 형성되는 것은 존재하는 동안 내내 지속되고, 그것은 사회생활과 분리되지 않는다. 아리스토텔레스는 정치라는 용어(국가의 탁월함을 확립하는 기술)를 철학적인 의미로 볼 때, 도덕은 정치를 준비하는 것이라고 하였다. 따라서 아리스토텔레스적인 '사회학'은 국민들의 목표인 **공동선의 탁월함**을 상정하는 것이다. 국가는 "가능한 한 가장 좋은 삶을 목적으로 하는 동등한 사람들의 공동체이다." (《정치학》) 인간의 본성은 **함께 사는 것**(함께 행동하는 것)이라는 것을 우리는 이미 앞에서 살펴보았다.('의지의 문제'의 주제 1 참고)

절대선, 또는 최고선(《니코마코스 윤리학》)에는 나쁜 것이라고는 아무것도 없다. 그것은 열정의 혼란을 극복하는 영혼이 목표로 삼는 것이다. 이러한 영혼은 가장 아름답고 가장 즐거운 자유 속에 살고(스피노자, 《윤리학》), "열정에 이끌리지 않고"(같은 책) 그렇게 해서 진정한 내면의 만족을 소유한다.(같은 책) "내가 보여 주었던 그곳까지 도달하는 길은 의심할 여지없이 대단히 어렵다. 그러나 아름다운 것은 드문 만큼이나 어렵다."(《윤리학》) 이러한 어려움은 우리에게 의무를 유발하고, 따라서 **의무는 본질적이지 않다고 하더라도 불가피하게 되풀이되어 나타난다**. '실천이성의 법칙'의 측면에 관해서, 그는 의무가 선을 향한 열망에 이성적으로 투사되는 것을 중시하였다. 만약 이 열망이 충분히 강력하다면, 이 열망은 **자유의 완벽한 형태인 선을 지향하는 행복에 자유롭게 가담**하게 될 것이다. 플라톤과 아리스토텔레스는 모든 서구 철학의 아버지인 소크라테스를 분명히 이렇게 고려하였다. "주된 관심을 도덕적 실재에 둔 소크라테스가 이 영역에서 보편적인 것을 추구했었다"는 사실을 아리스토텔레스는 입증하고 있다.(《형이상학》) 칸트에 의해서 '보편적인 입법원칙'으로 정의되는 도덕법칙은, 소크라테스에게는 모든 이성적인 존재의 유일한 무제약적인 법칙이다. 소크라테스의 방법을 잘 이해한다면, 모든 인간이 항상 해야 함이 마땅한 것을 이성으로 발견하는 데에 그 방법이 있다는 것을 알 수 있다.(아리스토텔레스 《형이상학》의 이 구절에 대한 토마스 아퀴나스의 《평론》) 소크라테스는 이 법칙을 완벽하게 적용하였다. 왜냐하면 그는 그 자신이 완전한 자유 속에서 불의를 감내하기로 작정하고,

그의 국가인 아테네에 대해서 불의를 실천하기를 거부했기 때문이다. (그가 부당하게 선고받았을 때 탈주하라는 제안이 있었다 ; 《크리톤》 참고) 그런데 플라톤은 우리에게 소크라테스를 (전쟁터에서, 연회장에서, 다양한 유혹 앞에서) 투모스(마음·용기 : 인간 조화의 적극적인 원칙)로 소개하고 있다. 즉 소크라테스는 완전한 자유 속에서 선에 대한 사랑에 의해 자기 자신에게 복종하고 있다. 따라서 자유로운 복종은 조련에 의하거나 노예상태에 있거나 폭군 아래에서 당하는 강요에 의한 복종과는 다른, 심지어 반대되는 성질의 것이다. 강요에 의한 복종은 진정한 의미(도덕적인 의미)에 있어서의 의무가 결코 아니다. 따라서 그것은 아무런 가치도 없다.

【참고】 이 주제에는 칸트에 대한 핵심적인 분석의 제시가 필수적이다. 여기에는 통상적으로 두 가지 위험이 도사리고 있다.

── 예를 들어 행복이나 가치에 관한 철학의 이름으로 비판적인 토론을 하게 되면, 칸트 철학 밖에 자리잡게 되어서 그를 반박하게 된다.

── 칸트의 실천철학으로 흔히 거론되는 것(《도덕형이상학 기초》·《실천이성비판》)을 요약만 하면, 이것은 정언적 명령과 존중으로 환원되어 버린다. 이 경우에는 복종을 주장하게 되고, **자유의 개념을 그 긍정성에 결합시키기가 아주 난처해**

진다.

    칸트에 대한 비판적 성찰로 '의무를 위한 의무'의 관념을 극복하였듯이, 자유·의무(도덕법칙)·선(행복)의 개념들을 서로 연결시켜야 한다. 그때 그리스의 위대한 도덕철학과 함께 칸트의 사변이 끼친 보다 근대적인 발전을 발견하게 된다. 따라서 '명제의 나열'이 아니라, 문제(의무/도덕)의 분석 그 자체가 글의 전개를 유도해 나가야 한다.

주제 2

# 충실한 채로 있으면서 자유로울 수 있는가?

'충실한 채로 있기.' 통념상으로는 그것에 찬성할 수밖에 없다! 그러나 철학사전에 '충실한'·'충실'이라는 단어는 없다. 사실 철학자들은 이 개념에 몰두하지 않았던 것처럼 보인다. 다른 한편 '인 채로 있다(머물러 있다)'라는 동사는 흔히 '움직이지 않다·완고하다'는 것, 즉 어떤 장소·어떤 상태에 머물러 있는 것("나는 거기 (그런 상태)에 (머물러) 있다")을 뜻한다. 그러므로 **'충실한 채로 있다'는 것은 변하기가 불가능한 것을 뜻한다.**

이제 '충실한 채로 머물러 있으면서'라는 표현을 살펴보자. 이 표현이 가리키는 다양한 태도를 규명하기에 이 표현은 불완전하다. **무엇에 또는 누구에게 충실한 채로 있는가?** 충실은 시간의 진전에 따라 우리가 변함에도 불구하고 확립되어서 유지되는 관계를 함축하고 있다. 그것은 '충실한 채로 있는' 주체로부터 견고하게 집착하는 대상으로 향하는 것이다. 그런데 대상은 관념이 될 수도 있고, 원칙이 될 수도 있다. 그것은 또한 인간에 해당될 수도 있다. 충실을 생각할 때 그것은 어떤 사람에 대해, 그리고 일반적으로는 부부생활에서 취해진 약속을 지키는 것을 흔히 암시하고 있다. 또한 옛날에는 사람들이 군주에게 충성을 서약하는 것을 볼 수 있었고, 오늘날에도 어떤 사람들은 조국에 충실하고 조국을 하나의 도덕적 존재로 생각한다. 심지어 수십 년 동안 일해 온 회사에 충실한 경우도 있다. 마지막으로 성격과 중요한 약속이 지속적이고 영속적임을 지적하기 위해 '자기 자신에의 충실'에 대해 말하기도 한다.

추상적인 실체에 대한 충실은 사람에 대한 충실보다 덜 중요한 것처럼 보인다. 그럼에도 불구하고 소크라테스는 아테네의 법을 위해 자신의 생명을 희생했는데, 그 법에 따라 그는 부당하게도 사형을 선고받았다. 법이 공정하지 못할 때, 계략과 위선으로 법이 적용될 때 이러한 일이 일어난다. 그렇다면 진정으로 충실한 채로 있어야 하는가?

종교나 관행을 믿는 사람을 가리키는 데 '충실한 사람(신자)'이라는 단어를 사용한다. 이 경우에 충실하지 못한 사람(이교도)은 믿지 않는 사람이다. 그런데 우리는 항상 원칙을 고수하는가?

충실의 대상을 이렇게 분류하면, 실제 존재 즉 사람에 대한 충실과 추상에 대한 충실로 두 유형의 관계를 상정할 수 있다. 자유는 이 두 범주의 대상에 대한 충실의 관계에 어떻게 개입해야 하며, 더욱이 그 관계를 어떻게 지속시켜야 하는가?

## 1. 충실하기

1. 르낭은 그의 저서 《젊은날의 추억》에서, "지금은 진실이라고 간주하는 이런저런 체제에 충실한가를 판단할 만큼 인간은 결코 자신의 사상을 확신할 수 없다"고 쓰고 있다. 그래서 성서 주해에 관한 연구의 결과로 자신이 그리스도교 신앙을 포기하게 되었다고 설명하고 있다. 라틴어로 restare는, 그 첫번째 의미가 '멈추다·뒤에 머물다'이다. "나아가지 않는 사람은 후퇴한다"라고 단언하는 통상적인 격언은, 다른 사람들과 세상이 변하는데도 불구하고 진보할 수 없는 사람의 완고함을 꾸짖는다. 움직이지 않고 있는 것은 무기력한 것이고, 그것에는 역사가 없다.

더욱 세련된 의미에서 사르트르는, 일종의 정치적 지속성 속에서도 자신이 정말로 자유롭다는 것을 보여 준다. "나에게 지식인이란, 어떤 정치적·사회적 집단에 충실하면서도 끊임없이 그것에 대해 이의를 제기하는 사람이다."

자신이 자리잡고 있는 체제 내에서 이의를 제기하는 사르트르적인 입장은 현대 세계에서는 일반화되었다. 정치에 있어서건 종교에 있어서건 자기 나라에 대해서건, 자기가 속해 있는 것에 대해 비판하는 것은 '옳은'(correct; '도덕적으로 합당한'이라는 영어의 뜻에서) 것이 되었다. 이것이 새로운 행동을 상정하고, **참여할 수 있는 능력을 간직하기 위해 되풀이하여 참여할** 준비가 항상 되어 있는 자유를 지키는 방법일 것이다. 이러한 태도는 사람들 사이의 관계에서는 일반화되어 있다. 사랑하는 부부생활에 있어서조차 사람들은 자유롭기를 바라고, 다른 사람의 자유를 용납하기를 바란다. 이렇게 되지 못한다면, 자유는 충실에만 머물러서 소외될 것이다. 이때 소외란 "비인격적인 힘에 내 자신을 하나의 대상처럼 내맡기는 상황"이라는 의미이다. (무니에, 《인격주의》: 이 사상가는 "자유 정신은 지칠 줄 모르고 나의 소외의 단서를 찾아서 그것을 해소한다"고 분명하게 말하고 있다.)

2. 오류라고 인정하는 것에 충실한 채로 있는 까닭은 완고함 때문이다. 이때 완고함은 자유로운 선택이라는 의미에서는 자유롭지만, '도덕적 자유'(위의 주제 1 참고)라는 의미에서는 물론 아리스토텔레스·스피노자·베르그송 등이 말한 즐겁고 창조적인 자유라는 의미에서는 자유롭지 못하다.(위의 주제 1, §3, 2와 3, 그리고 '의지의 문제'의 주제 1, §3과 결론 참고) 르낭은 어느 날 자신의 첫 신념이 오류에 기초하고 있다는 것을 깨닫고, 가톨릭에 대한 자신의 감정적인 약동의 대상을 하나하나 그리스 신화의 대상으로 교체하였다. (《아크로폴리스

에서의 기도〉에서 그는 아우구스티누스가 신에게 한 말을 여신 아테네에게 다음과 같이 말하기까지 한다. "늦게서야 나는 완벽한 미(美)인 당신을 알게 되었습니다." 그리고 또한 "오 구세주여, 나를 도와 주시오, 오 구원하는 당신이여!")

그는 "나는 거의 변하지 않았다"고 말하면서, 또한 자기 자신에 대한 충실도 확인하고 있다.(《젊은날의 추억》)

그러면 충실은 그 자체로는 무엇인가? 르낭에게 그것은 먼저 종교적 실체로 향한, 그리고 학문으로 향한, 심지어 신화적 표상들로 향한 감정의 낭만적인 향유이다. 흔히 자기 자신에 대한 충실은, 자신의 신념이 변할까봐 두려워하는 것을 쉽게 제어한다. 왜냐하면 자기 자신을 문제삼는 것은 소위 '관념'이라는 것과, 플라톤이 부여한 의미에서의 의견(진리는 정신에 의해 획득되는 반면, 훈련에 의해 채택된 신념)에 불과한 것을 단념하는 일보다 훨씬 드물기 때문이다. **사실 정말로 존재하는 것을 (지적으로) 알아냈다면,** 다른 사물로 바꿀 수 있는 어떤 사물처럼 **그것을 소유하지 못한다**는 것을 동시에 알게 된다. "진심으로 진실을 지향한다"(플라톤)는 것은, 어떠한 대가를 치르더라도 이렇게 알려진 존재에게 스스로를 헌신한다는 것이다. 자신에의 충실은 자신의 의견과 욕망, 심지어 생활 방식까지도 문제를 삼게 해서 진리의 문제, 즉 **무엇이 진정한 자기 자신인가?**라는 문제를 제기한다. 생의 진정한 실재는 무엇인가?

유사한 의문이 다른 인간 존재에 대한 충실에 관해서도 제기된다. 나는 실제로 어떤 개입을 했는가? 내가 '영원히' 사랑한다고 말한 존재에 대해, 나는 스스로 어떤 표상을 만들었는가? 그는 진정 누구인가? 감정상태, 특히 정열은 불안정하다. 만일 내가 이러한 약동에 영향을 받아서 관련이 되었는데, 이 약동이 다른 존재로 이동한다면 ─ 이것은 불가피한 것이므로 ─ 그 결과는 어떻게 될 것인가?

**3.** 여기에는 가끔 하나의 해답이 주어진다. 즉 **애써서 충실을 스스로에게 강요해야 한다**는 것이다. 열정이 식는 한 종교의 '신자'에게도 같은 말을 할 수 있을 것이다. 여기에서 다음과 같은 라 로슈푸코의 행동지침을 환기할 필요가 있다. "사랑하는 것에 계속해서 충실하기 위해 애써 힘쓰는 것은 불충실한 것보다 전혀 낫지 않다." 그렇다면 애써 힘쓴다고 감히 고백할 수 있을 것인가? 아직도 진정으로 사랑하고 있는 것인가? 그런 존재에 대한 자신의 감정상태를 그에게 알릴 것인가? 겉치레만 한다는 것, 그것 역시 속이는 것이다. 어떤 종교를 '믿는다'고 사회학적으로 분류되는 사람은 정말로 '충실한 사람(신자)'인가?

## 2. 자유와 불충실

1. 충실하다는 것이 변화를 두려워하고, 지금이라면 취하지 않았을 과거의 태도에 완고하게 집착하는 것이라면, 그것은 확실히 자신의 자유를 소외시키는 것이다. 이런 상태에서 자유를 고집할 수 있을 것인가? (정치적·종교적) 의견이 문제가 될 때에는, 문제의 제기 때문에 개인적인 것이 아니라 사회적인 차원의 안전이 상실될 것을 염려한다. 그러나 이제는 감정이 없는 어떤 사람을 사랑하도록 스스로 강요하는 것은 이중으로 잘못된 상황이다. 왜냐하면 우선 사랑하는 의무를 지는 것은 모순이기 때문이고(칸트: 주제 1 참고), 두번째로는 애써 힘쓴다는 것을 해당되는 사람이 느끼게 될 것이기 때문이다. 수많은 자질구레한 일상사가 그 사람을 괴롭힐 것이고, 그는 그것에 눈을 뜨게 될 것이다. 그러면 어떻게 될 것인가? 의심이 조금씩 생겨날 것이다. 17세기에 풍자시인인 앙투안 루이 르 브룅은 다음과 같은 시를 남겼다.

    불충실에 대한 의심은
    때로는 불충실을 낳는다.

마음에서 의심이 생긴다면, 그것을 느낀 다른 사람도 불충실하게 되어서 상호적인 의심을 낳게 될 것이라는 사실을 덧붙여 말할 필요가 있다. 이중적인 의심! 그러므로 현대의 사상가라면 과거 르 브룅의 말을 넘어서 "해방이 되라!"고 말할 것이다.

그래서 실존주의에서는 자유란, 어떤 참여도 '영원히'는 하지 않을 때에만 가능하다고 확언하는 것을 흔히 들을 수 있다. 그렇다면 충실은 자유의 반대이거나, 또는 심연에 자리잡고 있는 불성실을 숨기는 가면일 것이다.

2. 라틴어로 충실(fidelitas)의 어근은 믿음(foi)을 의미하는 fides이다. 라 로슈푸코는 계속 충실하기 위해 스스로 애써 힘쓰는 것의 깊은 '불충실'을 밝혀냈는데, 오늘날의 사람들은 그것을 '불성실(mauvaise foi)'이라고 말할 것이다.

《존재와 무》에서 사르트르는 '불성실'이라는 이 개념을 도입하였다. 그에 따르면 그것은 자신에 대한 불가피한 부정으로서 '인간의 실재에 본질적인' 것이고, 의식은 하나의 사물이 아니어서 '소멸시키고' 또 '스스로 소멸한다.' ('무화하(소멸시키)다(néantiser)': 사람들이 주장하는 것조차 부인할 수 있다.) 그가 들고 있는 첫번째 예는, 충실의 개념에 대해서도 의미가 있다. 그것은 '첫 약속 장소에 나타난' 한 여자이다. 그녀는 무엇이 중요한지를 모르지 않지만 "어떻게 되었으면 하는 욕구를 포착하기를 거부한다……. 그런데 누군가 그녀의 손을 잡는 것이다." 사르트르는 그녀가 자신의 주의를 다른 것으로 돌리면서 알아차리지 못한 체하는 것으로 그녀를 묘사하고 있다. "우리는 이 여자가 불성실하다고 말한다." **그녀의 현재는 미래를 생각하기를 거부한다.** 이 분석에서 '성실'은 '즉자(사물처럼 움직이지 않고 비활성적인)'로서 존재하기를 헛되이 추구하는 것이라면, 불성실은 의식에 내재하는 항구적인 위험을 증명한다고 사르트르는 결론을 내리고 있다. 왜냐하면 **"불성실은 불성실이 아닌 것이고, 불성실인 것이 아니기"** 때문에 불성실의 자유는 절대적이다. 사르트르는 본질(지금 현재 있는 그대로의 성질)은 항상 문제삼을 수가 있으므로 "존재가 본질에 선행한다"고 말함으로써 이러한 인간의 조건을 표현하였다. 그에 의하면 "인간 실재에는 존재하는 것과 서로 선택하는 것 사이에 차이란 없다."(같은 책) 인간의 근본적인(근본·원칙의 의미에서) 조건인 선택의 전능함, 그것은 불가피하게 불성실로 인도된다. 즉 이 힘을 거부할 수 없기 때문에 미래를 위해 참여하는 것은 불가능하다. 사르트르는 '약속 장소의 여자'를 순간에 갇혀 있어서 앞으로 일어날 것을 생각하지 않으려 한다고 묘사하고 있는데, 본문을 읽어 보면 이 여자가 갑자기 이 경우에 '빠졌다'는 것을 알게 된다. 따라서 우리는 그녀에 대해서 아무것도 모르고, 그녀는 과거도 개인적인 관계도 없다. 즉 이 묘사는 그녀에게 미래가 없다는 사실을 강조하고 있다. 그녀는 현재의 순간으로 축소

된 것이다.

의식은 선택하는 순수한 능력이기 때문에 모든 순간은 존재의 살아 있는 기간에서 뽑혀져 버린다. 즉 그것은 하나의 기하학적인 점이다. 거기에는 충실이란 있을 수 없고, 또한 '신념'이라고 주장되는 모든 것이 실제로는 '불성실'이다. 그러면 인간에게는 무엇이 남는가? 그것은 인간이 언제라도 바꿀 수 있는 역할을 맡는 것이다. 《말》에서 사르트르는 자신이 처음부터 **모의실험가**(simulateur)임을 인정한다. 즉 그는 역할을 맡았던 것이다. '약속 장소의 여자'에 뒤이어 나오는 유명한 '카페의 보이'의 예를 다시 들면, 이 사람은 카페의 보이가 아니고 그 역할을 하는 것이다. "**그는 카페의 보이가 되도록 연기한다.**" 마찬가지로 사르트르는 사르트르가 되도록 연기하였다!

**3.** 전능한 자유라는 사르트르의 개념은, 우리의 현실적인 경험에 일치하지 않는다. 사랑의 맹세를 하는 순간에는, 일어나고 있는 것을 '부정할' 수 있는 능력의 현실적인 존재인 '불성실'은 거의 없다. 그리고 또한 우리가 (사랑(amour)과 운율이 맞는) '영원히(pour toujours)' 최고의 형태에 있을 때에는 정열의 융합을 경험하게 된다. 이 순간에 연인들은 너무도 절대적으로 하나가 되어서, 생 프뢰〔루소가 1761년에 쓴 편지글 형식의 소설인 《신(新)엘로이즈》의 남자 주인공〕의 다음

과 같은 외침을 할 수가 있다. "오 다정한 나의 여인이여, 죽읍시다! 내 마음의 가장 사랑하는 사람이여, 죽읍시다!"(《신(新)엘로이즈》) 그뒤에는 다음처럼 말할 것이다. "하룻밤만으로도 내 영혼은 영원히 바뀌었다. 이 운명적인 밤은 내 마음의 근저를 지배하고, 그 그림자로 내 나머지 인생을 뒤덮을 것이다."(같은 책) 문학 특히 낭만주의 문학은, **한 번 이른 다음에는 다시 내려가느니보다 차라리 죽기를 선택하는 이러한 정열의 극치로** 가득 차 있다. 그런데 정확한 한순간은 과거와 약속·관계를 부인할 것이기 때문이 아니라, 융합적인 충일함이 성찰과 사고·간격을 불가능하게 만들기 때문에, 여기에는 시간의 또 다른 부정이 있다. **그럴 때 우리는 충실함 너머에 있다고 말해야 할 것인가?** 그러나 이러한 융합은 사라질 것이다. 왜냐하면 아무리 사소한 갈등이라도 열광을 거두어 버릴 것이기 때문이다. 시간의 흐름은 멈추지 않는다!

## 3. 충실과 신뢰

1. 융합적인 열정은 왜 죽음을 불러일으키는가? 트리스탄과 이졸데(켈트족의 전설을 바탕으로 한 중세의 사랑 이야기에 나오는 두 명의 주인공), 로미오와 줄리엣, 그리고 그외의 수많은 연인들이 태고적부터 하나가 되고 죽는다. 어둠이 모든 미

래를 가리고 있는 것이다. 그러나 또 다른 삶도 가능하다. 왜냐하면 사랑의 맹세는 '영원한' 것이 아닌가? 키에르케고르는 낭만주의적 사랑은 최고의 상태를 향유하기를 바라고, 따라서 시간을 소멸시키기를 바란다는 것을 보여 주었다. 그 반대편에 남편이 있는 것이다.

그가 가진 것은 그에게는 침울한 소유물이 아니었다. 그는 사자와 괴물과 싸운 것이 아니라, 가장 위험한 적인 시간과 싸웠다. 그러나 영원은 때늦게 찾아오지 않는다. 그는 시간 속에서 영원을 가졌고, 시간 속에서 영원을 간직하였다. 따라서 그만이 시간을 이겼다. 그러므로 부부애는 시간에서 그 적을, 시간에서 그 승리를, 시간에서 그 영원을 찾는다. (《이것이냐 저것이냐》)

2. 키에르케고르는 '실존주의의 아버지'인데, 그의 관점에는 비극적인 측면이 남아 있다. 데카르트식의 합리주의자인 알랭은 '사랑'이라는 단어를 열정, 즉 비참한 열정에서 우리를 구해 내는 용기라고 정의하였다.(《정의》) 어떻게? "충실하겠다는 다소간 명시적인 맹세로." 이 충실은 무엇인가? 그것은 "의심 속에서도 호의적으로 판단하는 것, **사랑하는 대상에서 새로운 완벽을 발견하는 것, 그리고 그 대상에 걸맞게 자신을 만드는 것이다.**" 사랑하는 존재에 대해 항상 우리 내면

에서 분출할 준비가 되어 있는 경탄으로 인해 의심은 즉시 일소되어 버린다. 우리는 '불성실을 의심'하는 반대편에 서게 되고 **신뢰하게 된다.** 그러면 신뢰(confiance)란 무엇인가? 'fiance'라는 단어는 옛 프랑스어로, 믿는 마음의 상태 그리고 그 마음의 참여, 즉 단 하나의 의미심장한 행위가 가지는 두 가지 측면을 가리켰다. 따라서 신뢰는 이러한 'fiance'의 성숙이다. 왜냐하면 신뢰는 상호적이기 때문이다. (접두어 'con'은 '함께'를 뜻한다. 따라서 신뢰는 한 사람이 다른 사람과 함께 fiance하는 것이다.)

3.

천성과 솔직함이 결코 우리를 실망시키는 법이 없었고, 거의 모든 상황에서 정확히 우리가 원하는 대로 행동했고, 가장 고통스러운 순간에도 우리를 결코 버리지 않았던 한 남자(또는 한 여자)를 만나는 행복이 우리들 중 몇몇에게는 있었다. 그런 사람들은 신뢰라는 이 놀라운 감정을 안다. (앙드레 모루아, 《삶의 기술》)

신뢰는 순간들이 흩어지는 것을 제어하기 때문에 진정으로 결합시킨다. 이 순간들은 이제 일시적인 점들이 아니라, 베르그송의 심오한 사상에 따르면 어떤 기간, 즉 **존재의 사는 단위**이다. 신뢰 속에서는 우리는 서로서로 믿는다. 믿는다는 것은 믿음을 가진다(라틴어로는 fidere이고, 여기에서 fidus 즉 충실한(fidèle)이 나왔다)는 것이다. 참여는 약한 약동인 고독한 정서적 약동이 아니다. **참여는 상호적인 것이다.**

그러므로 '충실하기'는 사르트르적인 '즉자' 식으로 무기력한 것이 아니다. 라틴어의 동사 restare는 '멈추다·뒤에 머물다'라는 뜻 외에도, 소크라테스처럼 '저항하다·견뎌내다'를 뜻한다. 플라톤은 그것이 군대가 패주하는 가운데서도 견고하고 확고한 것임을 우리에게 보여 주었는데, 그것은 가장 어려운 것이었다. 법이 그에게 다음과 같이 말하는 것을 들었기 때문에, 그는 그의 도시국가에 충실하였다.

> 너는 우리를 파괴하기를 원하는가? 너의 출생은 우리로부터 연유하는 것이 아닌가? 네 아버지와 네 어머니를 결혼시킨 것은 우리가 아닌가? 네가 세상에 태어나서 길러지고 양육된 다음에, 너는 우리에게서 나지 않았다고 주장할 수가 있는가? 너에게는 60년이라는 생각할 시간이 있었고, 그동안에 너는 다른 곳으로 갈 수도 있었는데 우리가 네게 맞지 않는다고 너는 참여를 게을리할 것인가? 《크리톤》

어떤 종교의 '충실한 사람(신자)'에 대해 말하자면, 그는 신앙과 의례를 인정하는 것에 만족하는가? 그는 개인적으로 고집하는 가운데 진정으로 충실할 것인가? 세심하게 관찰해 보면, 다른 사람과 함께 참여하는 삶 속에서 충실이 실현되고, 모든 사람은 신앙과 종교의례가 지향하는 신에 결부되어 있다. 그런데 르낭은 그 자신에게만 충실하였다.

아리스토텔레스는 《니코마코스 윤리학》에서, "어떤 상황에서도 변화는 아주 감미롭다"라는 에우리피데스의 말을 인용하고 있다. 포네로스(ponèros; 악한·나쁜) 인간, 다시 말하자면 모든 인간에게 고유한 변화의 필요성인 이러한 변덕을, 그는 우리 인간의 본성이 그 어떤 포네리아(ponèria; 나쁜 상태·불완전)를 겪기 때문이라고 설명한다. 어떤 본성이 포네리아에 있다고 하더라도 그 다양한 기능은 좋을 수 있고, 본성 속에 각각의 기능이 있다. 신의 완벽한 탁월함에 우리 내면에 있는 탁월한 것을 비교하면서, 그는 특히 이 변덕 이 혼란을 발견한다. 모든 논평가들은 《니코마코스 윤리학》의 이 구절을 《형이상학》의 유명한 명제로 설명하는데, 아리스토텔레스는 거기에서 기쁨의 최고로 완벽한 생명 속에 있는 신을 보여 주고 있다. 즉 **신의 '불변성'은 무기력이 아니라, 생명이고 절대적인 충실이다.** 우리에게 충실, 그것은 '함께 하는 존재' 속에서 스스로 결정하는 것이다.('의지의 문제'의 주제 1, §3과 주제 2. §2 참고) '충실하기,' 즉 저항하고 견뎌내는 것은 우리들 의지의 힘에서 나온다.('의지의 문제'의 주제 3) 그것은 지속하는 동안에 '함께 한 참여'를 지키면서 진정으로 자유롭게 존재하는 것이다.

【참고】 이 주제는 각자에게 있는 '실존적인' 관심에 접근하고, 또한 수많은 문학작품의 예를 들 수 있는 장점이 있다. 이런 사실 때문에 논점이 산만해지고 '예'들만 쌓아 놓게 될 위험이 있다. 다른 한편 오늘날의 유행이라고 하더라도 충실을 비난하는 데에는 어려움이 있다는 것을 느끼게 될 것이다. 마지막으로 철학에서 뒷받침을 받지 못하면 서술적인 과제를 하는 데 그치고 말 수가 있다.

따라서 본질적인 개념을 확립할 필요가 있다. 이 작업에는 '인 채로 있다(머물다: rester)'는 동사가 그 두 가지 의미에서 소중하다. '충실한' 것으로 규정되는 태도가 가질 수 있는 이중성을 파악하는 데 그 동사는 유용하다. 그리고 '충실한'이라는 용어를 그 어원에서부터 분석하면, 자연히 '신뢰'라는 단어에 이르게 된다.

## 주제 3

# 사람들은 자신의 의무를 수행할 능력이 늘 있는가?

"죄송합니다만 나는 달리 어떻게 할 수가 없었습니다. 유감입니다." 이것은 사회적인 체면 뒤로 자신의 무능력을 감추려는 예절바른 언사이다. 했어야만 할 것을 못했다는 것은 확실하지만, 관례에 부합하였고 심지어 최악의 상태를 피했다는 데 만족이라는 것이다. "나를 이해해 주세요"라고 말하는 것이기도 하고, "나는 영웅이 아닙니다"라는 것을 은연중에 나타내고 있기도 하다. 간혹 더욱 분명히 실토하기도 한다. "분명히 (정직·솔직·헌신 등을) 했어야만 했는데. 그렇지만 그러면 생활이 너무 고달팠을 것입니다. 세상 사람들처럼 행동할 수밖에 없죠." **의무는 준엄하다**고 한 칸트를 사람들은 무척 비난한다. 많은 사람들은 진정으로 원한다면, 또는 절대적으로 해야만 한다면 할 수 있을 거라고 생각한다. 그들은 그렇게 생각하는 것으로 충분하다고 믿는다.

그러나 사람들은 정확히 무엇을 알고 있는가? 만약 자신의 의무를 알고 있다면, 그것은 여론이나 자신의 정열에 이끌려 어쩔 수 없이 행동하는 것인가? 소위 이 안다는 것은 무엇인가? 역으로 어떤 사람들은 의무에 대한 지식이 요구하는 것을 너무나 진지하게 고려한 나머지, 해야 하는 것을 실제로는 결코 알지 못한다고 믿었다. "어쩌면 잘못 판단한 것임에도 불구하고, 가장 좋다고 판단하는 것을 사람들은 한다." (데카르트의 《정념론》은 의무를 다하는 데는 이것으로 충분하다고 밝히고 있다.)

그러므로 의무를 수행할 수 있는 능력은, 우선 의무를 알 수 있는 능력을 전제로 한다. 실천적 존재는 수학의 추론처럼 확실히 밝혀지는 것이 아니다. 그럼에도 불구하고 선택을 해야만 한다. 선택을 하는 것, 그것은 의무를 다하는 것보다는 즉각적이다. 왜냐하면 선택을 하는 것은 자유의 능력에서 직접적으로 발생하기 때문이다.

의무가 명백히 알려져 있을 때는 의무를 수행할 수 있는 능력을 초월할지도 모르는 선택의 능력까지도 찬양할 수 있다. 이것을 데카르트는 메슬란드에게 보낸 유명한 편지(1645년 2월 9일)에서 말하고 있다. "명백히 알려진 선을 추구하거나, 확실한 진리를 인정하기를 우리가 자제하는 것은 항상 가능하다. 만약 그렇게 해서 우리의 자유의지를 입증하는 것이 선이라고 우리가 생각하기만 한다면." 그는 또한 다음과 같이 말하기도 한다. "우리가 만일 (가장 좋은 것의) 반대편을 따른다면, 우리는 이러한 긍정적인 힘을 더 많이 사용하게 된다."

따라서 우리의 의무를 알 수 있고, 그것을 수행하거나 수행하지 않을 수 있는 우리의 능력이 실제로 무엇인가를 알아야 한다.

## 1. 자신의 의무를 알기

1. "어떤 목표를 설정하고, 그것에 도달하는 첫번째 조건은 목표를 아는 것이다……. 그런데 소수의 사람들만이 그것이 무엇인지를 알고, 그것을 추구할 수 있는 특권을 누린다." 그렇기 때문에 가능한 행동은 하나밖에 없는 것처럼 보인다. 즉 "동기나 의도·의무가 지시할 수 있는 모든 것"에 대해 심사숙고하는 것이다.(발리에, 《도덕적 의도에 관하여》) 해야 하는 것에 대한 탐구는 우리를 멈추게 할 것이고, 그 결과 우리는 잘못 행동하지 않게 될 것이다. 항상 복합적이고 우리가 그 모든 요소를 결정할 수 없을 뿐만 아니라, 더욱이 그 요소들을 제어할 수도 없는 상황에서 지금 현재 해야만 하는 것에 대한 지식에는 수학 공식과 같은 확실한 명확성이 없다. 그것은 '2 곱하기 2는 4' 라는 것과는 다른 것이다! 대부분의 사람들은 가장 중요하게 보이는 측면을 파악하는 것에 만족하는데, 그것은 정확한 판단인가? 이런저런 행동을 취해서는 안

된다는 것이 조금이라도 보이는 전형적인 상황에서는 아마도 그럴 것이다. 그래서 자신의 존재, 즉 자신의 다이몬(daimôn)에 결부되어 있는 일종의 정신이, 자신의 행동을 가끔 만류하고 자신에게 내면에서 "안 돼!"라고 말한다고 소크라테스는 이야기했다. 우리 역시 내면의 소리가 "그것을 하지 마!"라고 가끔 우리에게 외친다.

그러나 하지 않는다는 것은 부정적인 것이다. 그것은 간혹 불가능하다. "정치적 위기에 처해졌을 때 정직한 사람에게 가장 어려운 것은, 자기의 의무를 수행하는 것이 아니라 그 의무를 아는 것이다."(드 보날드, 《프랑스 혁명에 관한 고찰》) 그러므로 만약 행동하는 것이 필요하다면 우리는 우유부단함을 추방해야만 한다. 데카르트는 이런 불확실성의 상태를 대단히 나쁜 것으로 판단하였다.('자유의 문제'의 주제 1 참고) 정신적 마비는 멈추어야 하고, 최대한 잘 행동해야 한다. "우리는 우리의 사상만은 보증해야 합니다"라고 데카르트는 엘리자베트에게 썼다. 그리고 《정념론》에서는, 과학적 확신이 행동에서는 불가능하므로 "어쩌면 아주 잘못 판단한다고 하더라도, 가장 좋다고 판단하는 것을 할 때 자신의 의무를 항상 다하는 것이다"라고 말하고 있다.

2. 비극작품 속에서 많이 등장하지만, 실제로는 아주 잔인한 상황인 '의무의 갈등'에 우리는 가끔 직면한다. 예를 들면

(유산을 악이라고 가정하면) 출산이 잘못될 것으로 예상될 때 누구를 희생시켜야 하는가? 어머니, 아니면 아기? 또는 인질극이 벌어졌을 때 위험을 무릅써야 하는가? 아니면 굴복해야 하는가? 이럴 때 '보다 작은 악'에 관해 말하기도 한다. 그러나 이런 말은 무엇을 뜻하는가? 당하는 사람에게 악은 전부이지 더 많이나 적게가 아니다. 어머니이든지, 아니면 아기인 것이다. 테러 행위가 재발되는 것을 막기 위해서는 현재 인질들의 목숨을 위험에 빠뜨리고, 그렇게 함으로써 잠재적인 다른 인질들을 구한다고 사람들은 생각한다. 그러므로 우유부단한 채로 있는 것은 불가능하다. (의학·정치 등의) **책임자에게는 기본적인 책임이 있다.** 그들의 직업에 해당하는 이런저런 상황에 만전을 기해 두는 것이 그것이다. 가능한 한 가장 많은 (의학·기술·경찰 등의) 자격을 획득하도록 하는 것은 직업적인 의무이다. 그러므로 가장 좋다고 판단하는 것을 한다는 데카르트의 충고의 첫부분은 옳다. 그러나 뒷부분이 직업생활 전체를 취약하게 만드는 한, 그것을 인정할 수는 없다. 왜냐하면 **의식은 빛을 줄 수 있도록 항상 양성되어야 하기** 때문이다. 응급조처로는 그렇게 되지 않는다. 그러므로 더군다나 근본적인 의무가 존재하는 동안 내내 완수되는 것은 당연하다. 즉 가능한 한 가장 뛰어난 자격을 획득하고, 탁월함인 덕을 항상 힘껏 지향해야 한다. (아리스토텔레스)

**3. 결의론**은 '양심의 문제,' 또는 도덕적 관점에서 복잡한 상황('의무의 갈등'이 이런 상황의 가장 흔한 경우인데)을 분석하는 윤리학의 한 부분이다. 즉 결의론은 문제를 본질적인 측면에서 분석하는 이성적인 분야이다.

그런데 추상적이고 전체적인 고려에는 칸트가 묘사한(주제 1 참고) 부도덕성의 변증법이 스며들 수가 있다. 왜냐하면 추론은 너무 복잡하게 얽혀 있으면, 다양한 유혹(정열·여론 등)에 이끌려 도덕법칙에서 벗어날 위험이 있기 때문이다. 그렇게 되면 문제가 복잡할 경우에는 부도덕하다고 알고 있는 것을 제외시키고, 합법적일 수 있는 것만을 고려하려는 처신인 **의도의 조종**에 이르게 된다. 파스칼은 신랄한 어조로 이런 태도를 비난했는데, 《시골친구에게 쓴 편지》에서 그 예를 읽어보자.

신하가 어떻게 양심적으로 난처한 사명을 수행할 수 있는가를 내가 당신에게 설명하였을 때, 그것은 단지 그들의 의도를 악에서 벗어나게만 하면 되고, 그들은 자신에게 돌아올 이득으로 의도를 옮겨 놓는 중계자라는 것에 당신은 유의하지 않았는지요? 이것이 바로 **의도를 조종**하는 것입니다……. (일곱번째 편지)

파스칼은 엄중하게 당시의 '정신적 조종의 편지'를 야유했다.

결의론의 이러한 일탈이 의지적으로 부도덕하다는 것은 확실하다. 결의론은 추상성에 집착하는 한 그러기에 적합하다. **왜냐하면 그때에는 선을 지향하는 탁월한 목표를 가진 삶을 기계적인 구조가 대신하기 때문이다.** 그러나 위에서 언급한 아리스토텔레스의 원칙을 우리가 따른다면, 우리는 '의도의 조종'이라는 위선에 빠져들지 않을 것이다. 더욱 철저하게 말한다면 결의론은 어떤 '경우'를 관념으로 환원하지 못할 것이고, 그것은 현실의 살아 있는 행위를 심사숙고하는 요소가 될 것이다. 그럼으로써 우리는 우리의 의무를 최대한으로 완수하게 된다.


## 2. 의무를 수행하기

1. '좋은 의지'에 찬사를 보내는 가운데(《도덕형이상학기초》) 칸트는 다음과 같이 썼다. "특이한 불운으로, 또는 계모 같은 자연의 인색한 기부로 이런 의지가 계획을 달성할 수 있는 능력을 완전히 잃어버린다고 하더라도……." 능력을 잃은 의지, 그것은 정말 의지인가? 의도는 실현하려고 하는 어떤 것을 지향하는 정신의 운동이다. 우리는 가능한 것이 무엇인지도 고려하지 않는 '진공의' 의도를 가질 수 있는가? 꿈은 의도가 아니다. 결과에 대한 관심이 없이는 의도는 사라

진다. "의지는 계획을 달성할 수 있는 능력을 잃어버린다." 그러나 계획은 목표를 향한 참여이다. 이렇게 참여한 사람은 자신의 경험으로 인해 가능성에 대해서, 또는 자신이 할 작정인 것에 대해서 어떤 생각이 이미 있다. 의심할 여지없이 도덕적인 의지는 그 스스로 선해야 하고, 이 선함은 실천적인 것이지 단순히 사변적인 것은 아니다.

2. 이어서 칸트는 "최대한으로 노력해서 그것이 아무것도 성공하지 못한다고 하더라도……"라고 쓰고 있다. 노력은 실현을 지향하는 유효하고 의지적인 참여이다. 이러한 노력은 '최대한'이다라는 것을 가정하고 있다. 즉 주의와 지식과 마음의 모든 에너지가 행동 속에 결합된다. 칸트는 이것을 다음과 같이 명백히 밝히고 있다. "진실을 말하자면 나는 그것을 단지 소원 같은 어떤 것이 아니라, 우리가 가지고 있는 모든 수단에 호소하는 것이라고 이해한다." 그렇지만 그것을 추상적이고 일반적인 원칙으로 상정하는 것으로는 충분치 않다. 사실 아리스토텔레스는 그러한 상황에 처해서 모든 가능성을 가지고 있는 사람에게, 덕망 있는 (탁월한) 모든 행동은 고유한 것이고, 이런 사람은 그렇게 행동함으로써 '과소'와 '과대'를 피해 극치에 도달한다는 것을 보여 주고 있다.(《니코마코스 윤리학》) 모든 **의무는 단수이다.** 또한 어떤 순간에라도 선을 향해 참여해야 하는 존재 전체 속에 의무를 재정립해야

한다. 이것이 "원한다면 할 수 있다"라는 속담의 의미이다. 왜냐하면 '의지'에 그 강력한 의미를 부여한다면, 의지는 능력을 내포하기 때문이다.

3. 그런데 정신적 에너지는 쇠퇴한다. 왜? 단번에 성공하지 못했기 때문에 실망한다. 여기에는 두 가지 상호적인 오류가 있다. 먼저 그것이 아주 쉽다고 믿는 것이고, 두번째는 그것이 불가능하다고 믿는 것이다. 실망은 의기소침이고, 탁월함이라는 목표를 포기하기 때문에 도덕에 역행한다. 용기는 《니코마코스 윤리학》에서 분석하고 있는 첫번째 덕이다. 이미 플라톤은 지혜·절제·정의와 함께 근본적인 네 가지 덕('기본적인 덕') 중의 하나로 그것을 꼽았다. 그것은 사랑할 수 있는 힘의 상징인 마음의 힘이다. 칸트가 묘사한 무능력은 사랑하지 않는 것이었기 때문에 사실은 무의지였다. 선은 최고로 사랑스럽고 최고로 바람직하기 때문에 사랑받는다. 이러한 것들이 아리스토텔레스가 신에게서 발견한 모습이다.(《형이상학》) "시도하기 위해서 기대할 필요도 없고, 고집하기 위해서 성공할 필요도 없다"는 행동원칙은 웅장하고 눈부신 측면이 있다. 그것은 대결을 벌일 때 다른 사람들의 눈에는 웅장하게 비친다. 존재에 대한 사랑인 선에 대한 사랑은 보다 신중히 처신한다. 작은 아이가 **사랑하는 존재를 진실로 생각할 때 이 생각은 사랑을 일깨우는 것이기 때문에**, 그 아이를 멈추게 할

것만 같았던 어려움을 그 아이는 극복한다. 충실-신뢰는 우리에게 있는 실재 능력의 한 예이고, 그 능력을 발전시키고 증가시키는 것은 우리에게 달려 있다. 의무, 자기 자신의 의무를 지금 현재 수행하는 것은, 항상 사람들 사이에서 만들어지는 상황에서(왜냐하면 우리들의 본성은 '함께 하는 존재'이기 때문이다) 나타나는 것으로서의 선을 사랑하는 것이다. 이러한 것이 아우구스티누스의 그 유명한 표현, "네가 원하는 것(=사랑으로 네가 원하는 것)을 사랑하고 하라"의 의미이다. 그리고 그 결과로 우리는 이렇게 말할 수 있을 것이다. "네가 원한다면 너는 할 수 있다." "뜻(의지)이 있는 곳에 또한 길이 있다." "'나는 원한다'고 말하고 소파에 그대로 있는 사람은 원하는 체하는 것이다. 이런 가짜 의지는 나쁜 의지, 또는 의지라고 하더라도 그것의 마키아벨리적인 형태가 아닌가? 인간은 자신이 높이 평가하는 선을 겉으로는 원하지만, 그것을 실제로 원하지 않기 때문에 그것을 하지 않는다!"(장켈레비치, 《준엄과 도덕적인 삶》)

## 3. 의무를 넘어선 능력?

1. 실제로 자신의 존재를 다해(완벽한 선에 대해, 그것이 어떤 존재로 나타난 것에 대해) 사랑으로 참여하고 있을 때, 능

력은 너무나 쉽게 발휘되어서 '의무를 수행하는 것'은 완전히 초월되어 버린 것 같다.

적정량이고 단계적이고 배급된 헌신이 근면한 의무라면, 무한한 희생과 전적인 헌신은 극단으로 가는 길과 같아서 아무것도 필요로 하지 않는다. 그럴 때 다른 사람을 위해 죽는 것은 아침 인사나 저녁 인사처럼 단순한 것이 되어 버린다.(장켈레비치,《앙리 베르그송》)

이렇게 참여하는 것, 그것은 **전적으로 자유롭게 선택할 능**력을 발휘하는 것이다. 이 능력은 아직도 의무에 복종하는가? 단지 '배급'에 불과할지도 모르는 추론 너머에 이제는 있지 않은가? 의무는 작아지는 반면 능력은 웅장해질 것이다.

데카르트는 1645년 2월 9일 메슬란드에게 보낸 편지에서 그것을 분명히 말하였다. 그는 무차별의 초라한 형태를 "한쪽이 다른 한쪽보다 진리나 선에 대한 인식에 의해 충동되지 않을 때의 의지의 상태"라고 구별하고 있다. 그것은 따라서 '가장 낮은 단계의 자유'라고 그는 《제4성찰》에서 묘사했었다. 그것은 무지에 불과한 것이다. 뒤이어 《제4성찰》에서 그는 다음과 같이 말하였다.

만약 내가 진실인 것과 좋은 것을 항상 명백하게 안다면,

나는 어떤 판단을 내려야 하고 어떤 선택을 해야 할 것인 가를 고민할 필요가 전혀 없을 것이다. 그리고 또한 나는 전혀 무차별하지 않고 완전히 자유로울 것이다.

그런데 이제 그는 이 두 형태에 상위의 단계를 중첩시킨다.

아주 확실한 이성이 한쪽에서 우리에게 충격을 가할 때, 도덕적으로 말해서 우리는 그 반대편을 거의 선택할 수 없다고 하더라도, 그럼에도 불구하고 절대적으로 말해서 우리는 그럴 수 있다. 왜냐하면 명확히 알려진 선을 추구하거나 확실한 진리를 인정하기를 우리가 자제하는 것은 항상 가능하기 때문이다. 만약 그렇게 해서 우리의 자유의지를 입증하는 것이 선이라고 우리가 생각하기만 한다면.

다음에서 그는 이같이 명백히 밝히고 있다.

우리가 만일 가장 많은 선이 있는 편을 따른다면, 우리는 더욱 쉽게 스스로 결정하게 된다. 그러나 우리가 만일 그 반대편을 따른다면, 우리는 이러한 긍정적인 힘을 더 많이 사용하게 된다.

간단히 말해서 능력이 할 수 있는 능력이라면, 그것은 하지 않을 수 있는 능력이다. **선택할 수 있는 능력은 절대적이고,** 그것은 반대의 선택에서 그 모습을 나타낸다.

2. 절대적이고 독자적인 우리의 자유로운 능력은, 어느곳이라도 갈 수 있고 떨어질 수 있고 회복될 수 있으며, 그것이 확인했던 것을 부인할 수도 있다. '무화시키다(néantiser)'의 기원은 데카르트에게서 발견되고 사르트르는 그것을 강조하였다. 즉 시간은 어떠한 영속적인 성질도 존재 속에 새겨넣지 않는다는 것인데, 그것은 아리스토텔레스에 반대되는 것이다. "생명의 전체 시간은 수많은 부분으로 나누어질 수 있고, 그 각 부분은 다른 부분에 어떤 식으로도 종속되어 있지 않다." (《제3성찰》) 우리가 이미 살펴본 것처럼 이러한 불연속의 개념은 사르트르가 다시 채택하였다. 이것이 절대적인 자유의 존재방식이다.

그렇지만 데카르트는 본질적인 조건을 도입하였다. 만약 **그렇게 해서 우리의 자유의지를 입증하는 것이 선이라고 우리가 생각하기만 한다면**이라는 가정하에 ……을 하는 것은 항상 가능하다라는 것이 그것이다. 이렇게 해서 선에 대한 고려가 다시 나타난다. 데카르트가 의거하고 있는 것처럼 보이는 것은, 아리스토텔레스로부터 토마스 아퀴나스에 이르는 전통이다. 우리는 선을 목적으로 절대로 선택하지 않지만, 선택된 선은 혼란이 있다면 절대선의 방향에 지금 현재 있을 수는 없다. 예를 들어 직장에 있어야만 하는데 극장에 가고 싶다면……. 극장에 가는 것은 그것 자체로는 나쁘지 않지만, 이 경우에는 혼란이 있는 것이다. 그렇다면 외부의 선(구경거리)을 가지면서도, 또한 하나의 선인 자기 자신의 힘을 입증할 것이라는 사실에서 자신의 의무를 수행할 때에만 더욱 자유로울 것인가?

이 선택을 다시 할 수밖에 없다! 그렇지 않다면 자신의 위치를 잃을 것이다. 만일 학생이라면 시험에 실패할 것이고, 지능이 약화될 것이며, 현재의 순간을 점점 더 즐기고 싶어할 것이다. 데카르트가 우리들의 자유의지를 입증하는 것인 선에 대해 말하고자 했던 것은 그런 것이 아니다. 그 반대로 그는 의지를 찬양한다고 믿었다! 그런데 그의 심리상태는 부정확한 개념에 기초하고 있었다. 그는 한편으로 육체는 순전히 정신적인 영혼이 지휘하는 하나의 기계인 것으로 보았고(스피노자로부터 시작해 모든 저자들이 강조했듯이 영혼과 육체의 결합은 데카르트에 있어서는 불가능하다), 다른 한편으로 시간은 연속적인 지속이 없는 일시적인 순간으로 구성된 것으로 간주하였다. 그 결과 의무와 관련된 판단에서 오류가 별로 중요하지 않다는 말이 나온다. 그뿐만 아니라 우리의 본성은 사회적이고 '함께 하는 존재'이기 때문에, 자신의 자유의지로 자기 자신을 절대적으로 입증하는 것인 '선'은 사실상 하나의 혼란이다. 따라서 의무에 반(反)해서 의지적으로 완수된다는 소위 '무상(無償)'이라는 행위는 사실 파괴적이다. 쥘 라뇨에 따르면, 자아의 '헛된 독자성'은 불가피한 결말에 이른다. 즉 그것은 "스스로를 소멸시키고 파괴 속에 끝난다."(《유명한 강의와 단상》)

3. 할 수 있다는 것은 소멸시키는 것이 아니라 완수하는 것이다. 완수는 우리의 탁월함을 발전시키기 때문에 내면적인 것이고, 어떤 새로운 것이 세상에 나타나기 때문에 외부적인 것이다. 의무를 거부하는 것은 우리들의 능력을 표현하는 것이 아니다. 의무를 추구하면서 실행된 힘을 타락시키기를 즐기지 않기 위해서, 해야 할 것을 알고 그것을 실현하는 것은 이미 상당히 어려운 일이다.

그 결과 사르트르와 데카르트의 관점에서는 모든 것이 거짓인가? 전적으로 의지적이고 선택된 참여라는 그들의 개념은 인간 행동의 중요한 측면을 밝혀 준다. 즉 **인간 행동은 원한 것이지**, 내면의 또는 외부의 자연적인 힘에 의해 유발된 것이 아니다.('의지의 문제'의 주제 1 참고)

"의무를 수행한다"는 것, 그것은 자유로운 이 능력의 행위이다. **우리가 우리의 의무를 수행할 것을 선택한다**는 것은, 우리가 우리 자신에게 그것을 강제하는 것이라고 하더라도, 그리고 우리가 그것을 스스로 강제하는 것이기 때문에 우리에게 강제된 것이 아니다.(주제 1) 도덕적인 삶은 능력과 의무를 분리하지 않는다. 우리는 그것을 "원한다는 것(의지)은 할 수 있다는 것(능력)이다"에서 살펴보았다. 그러므로 자유롭고 효과적이며 풍부한 진정한 능력은 의무 속에서 발휘된다는 것을 명백히 밝힐 필요가 있다. **할 수 있다는 것(능력)은 해야 한다는 것(의무)이다.**

그러면 '능력'과 '의무' 사이에는 아무런 차이가 없다고 말해야 할 것인가? 이것은 어려워 보인다. 왜냐하면

— '의무'는 **완수해야 한다**는 것을 뜻하기 때문이고,

— '능력'은 **행동하는 어떤** 힘의 실재를 가리키기 때문이다.

따라서 구별이 가능하다. 그러면 의무와 능력의 내적인 관계를 어떻게 파악할 것인가? 그것은 일시적인 우리의 조건을 고려함으로써 가능하다. 시간을 '조각조각낸' 데카르트는 순수 정신을 찬양하였고, 수학은 그에게 그것을 향유할 수 있게 해주었다. 더욱 완전하고 더욱 현실주의자인 아리스토텔레스는, 인간은 육체-영혼의 단일성이고 영혼이 육체의 가장 중요한 원칙이지만, 이런 사실이 육체가 지적인 기능을 갖는 것을 막지는 못한다고 보았다. 즉 인간의 삶은 수없이 많고, 서로 독립적인 순간의 개념으로는 식별되지 않는다는 것이다. 우리의 시간성은 '인접해서' 연속된다고 베르그송은 말하였다. 우리는 지속하고 과거는 우리 내부에 아직 있다. 미래는 우리의 계획인 것이다. 또한 탁월함(덕)의 획득 속에 있는 연속성을

강조할 때, 아리스토텔레스는 진실 그 자체였다. "제비 한 마리가 봄을 만들지는 않는다." "해이한 생활을 하면서 사람들은 자신이 해이해지거나 부당하거나 무절제하게 된 것에 대해 개인적으로 책임이 있다"고 아리스토텔레스는 밝혔다. (《니코마코스 윤리학》; 경기를 목적으로 연습하는 사람들을 그는 예로 들고 있는데, "그들은 연습하는 데 시간을 다 보낸다.") 탁월하게 되어야 하는 것은 존재의 종말까지이다.

'진전'은 완벽해지고, 시간 속에서 앞으로 나아가는 것을 의미한다. 의무를 더욱 수행할수록 복잡한 상황을 더욱 잘 제어할 수 있고, 그것을 더욱 잘 알 수 있으며, 최선으로 더욱 잘 결정할 수 있을 것이다. 그리고 의무를 수행할 수 있는 능력이 더욱 강력해질 것이다.

능력과 의무의 일치는 이루어지지 않는다. 따라서 도덕법칙은 우리에게 하나의 의무이고('의무의 문제'의 주제 1 참고) 또한 우리는 완벽하고 실재적인 '권력의지'를 소유하지 않는다.('의지의 문제'의 주제 3 참고) 그러나 그 반대로 그것에는 나쁜 것은 아무것도 없다. 우리 존재의 지속은 연속하면서 우리가 **능력 속에 의무를 간직하게 하고, 의무를 점점 더 올바르게 완수하는 방향으로 진전할 수 있게** 해준다.

【참고】 의무 때문에 칸트를 거론하는 것은 불가피하다. 그러나 문제의 근본은 능력의 성격이다. 따라서 능력의 본질적

인 형태를 제시해야 한다. 능력은 지식·선택·실현과 관련이 있다. 다른 한편 더욱 특수한 문제, 즉 의무의 갈등·결의론·도덕적 의도 등을 다루어야 한다. 이런 주제에는 **긴 시간의 예비적 고찰이 필요하다.** (게다가 그것은 항상 필요하다.) 만약 논고가 4시간 안에 완성되어야 한다면, 부수적인 문제들을 제자리에 정돈하기 위해서 요점들을 탐구하고 그것들을 분류하는 데에만 첫 30분을 바칠 용기가 필요하다. 그동안은 되도록 **아무것도 쓰지 말아야 한다.** 그 다음에는 계획을 짠다. 그러면 철학자들은 그들에게 적합한 자리에 스스로 제시가 될 것이다. 지금의 문제에는 칸트의 분석을 검토하는 것이 불가피하다고 나는 말했다. 그러나 다른 철학자들에 대해서는, 그들을 인용하게 되는 것은 여러분들의 소양과 여러분들 성찰의 논리적 진전에 달려 있다.

# 3

# 자유의 문제

　자유는 의지의 문제와 의무의 문제를 검토하는 가운데 언급되었다. **의지**는 참여하고 자신의 자유로운 힘을 행사하는 것이고, 다른 행동이 아닌 어떤 행동을 완수하는 **의무**는 그렇게 할 자유를 갖는 것이다.

　그런데 자유를 거론한다는 것은, 자유가 제기하는 문제를 분석한다는 것이 아니다. 왜냐하면 **이 문제는 의지와 의무의 관계에서 생기기** 때문이다. 도덕적 성찰로 이해되는 철학의 통상적인 관점은 우리가 잘 행동할 때에만, 다시 말하자면 우리의 의무를 수행할 때에만 실제로 자유롭다는 것을 가르치는 것이다. 모든 '의무의 문제'는 이러한 방향에서 진행되었고, 절대선을 목적으로 이성에 따라 행동함으로써 내면의 예속에서 우리 스스로를 해방시킨다는 것을 주제 1(도덕법칙에 복종하면서도 자유로울 수 있는가?)은 정립하였다. 그렇지만 주제 3(사람들은 자신의 의무를 수행할 능력이 늘 있는가?)은 그 자체로서의 선택의 힘, 즉 선택된 행동으로 이루어진 추상화를 가정하였다. 게다가 이미 '권력의지'는 되기를 원하는 것이고, 스스로 존재하는 절대의지·최고 권력의 개념에 이르렀다.

자유로운 선택, 또는 자유의지는 모든 자유로운 행동의 원칙인가? 여러 가지 상황이 그렇게 믿게 만든다. 우선 해야 하는 것을 정확히 알 시간과 방법이 없을 때가 그러하다. 아무것도 하지 않는다고 하더라도("의심스러우면 자제하라!") 선택은 한다. 즉 아무것도 하지 않기로, 자제하기로 결정하는 것이다. 이런 불확실성은 "참고 자제하라"는 스토아 철학의 행동원칙을 설명하고 있다. 말하자면 스토아 철학은 불확실하고 불행하고 행동할 수단이 없을 때의 사상이었다.

오늘날에는 비활동을 권고하지 않을 것이다. 순수한 사고의 자유는 언제나 가능한 선택이지만 내면으로의 이러한 후퇴는 효과(에픽테토스 당시에는 가지지 못했던 기술수단에 의해 이제는 조장되는)의 이름으로뿐만 아니라, **특히 자제하기로 선택한다는 것은 인간의 본성에 대한 잘못된 개념화의 결과이기 때문에** 비판받는다. 즉 우리들 중의 어느 누구도 스스로 충족될 수는 없다. 또한 상호적으로 다른 사람들도 역시 우리가 필요하다. 그래서 사르트르는 폭넓은 우리들의 책임을 강조했었다. ('의지의 문제'의 주제 2, §3 참고) 우리 존재는 '함께 하는 존재'인 것이다. (같은 주제, §2) 사람들이 하는 것의 실재를 고려한다면, 사람들이 의도에 그친다고 믿는 것은 현실성이 없는 일이다. ('의무의 문제'의 주제 3, §1과 2 참고) 의도는 그것이 아무리 내면적인 것이라고 하더라도 세상에서의 행동을 지향한다. "위급하고 불확실할 때 어떤 능력이 우리에게 남아 있는가?"(다음의 주제 1)라고 묻는다면, '숲 속에서 길을 잃은 여행자'의 유명한 예에서 데카르트가 충고하였듯이 우연으로라도 길을 선택할 수 있는 능력이 우리에게는 항상 남아 있다.

행동하기로 선택하는 것은, 그것이 계도된 것이든 아니든 불가피하다. 왜? 왜냐하면 선택은 자유의 핵심이고, 자유라는 존재의 조건이기 때문이다. 극단적인 경우에서도 선택을 발견할 수 있는데, 그것은 문학 작품들이 묘사하고 있는 형태로는 아마도 드물겠지만 사람들이 생각하는 것보다는 흔한 일이다. 이것이 **무상 행위**이다.(주제 2, §2 참고)

마지막으로 우리들 모두의 조건일 수도 있는 근본적·비극적인 선택, 즉 **우리 운명의 절대적이고 전체적이고 돌이킬 수 없는 선택**을 우리 존재의 모든 개별적인 행동이 발전시킨다고 생각한 철학자들도 있다.(주제 3) 선택이 한 번 되고 나면 우리를 영원히 결정하는 이러한 선택은, 우리들 각자의 개인적인 존재를 구성한다고 플라톤과 칸트는 확인했다. 그 두 사람은 참담한 선택을 그 예로 제시하였다.

역사적인 상황(불확실성·무상 행위) 속에서, 또는 우리들 존재의 절대적인 근본 속에서의 자유의지는 **의무에 반**(反)**하는 능력**일 것이다.

이러한 자유의지의 문제는 처음부터 제기되어 왔다. 왜냐하면 플라톤의 《국가》 제10권에서부터 우리는 그 문제와 만나기 때문이다. 이 문제는 명확하게 해결되지 못했다. 이렇게 해서 현대인이지만 플라톤주의자인 조제프 모로는 선택할 수 있는 이 능력을 확고히 배척하였다.(주제 3, §3 참고) 심오하고 파악할 수 없으며 모호하게 보이는 이 개념에 대해서 확실한 생각을 가지는 것은 가능한가?

**주제 1**

# 위급하고 불확실할 때 어떤 능력이 우리에게 남아 있는가?

불확실성은 언제라도 있는 것이다.

존재하는가, 또는 존재하지 않는가……감내하는가……또는 항거하는가……죽는가, 자는가, 혹시 꿈꾸는가……우리의 생각은 우리를 겁쟁이로 만들고, 결정의 활기찬 색상은 병적이고 파리한 근심에 자리를 내어준다.(《햄릿》, 제3막 제1장)

그러나 오늘날에는 무한히 저울질하고 있을 수만은 없다. 모든 것이 불확실하다고 하더라도 긴급하게 행동해야 한다. "존재하는가, 또는 존재하지 않는가"는, 나는 어떤 위험을 무릅써야 할 것인가로 바뀌었다.

철학자 뷔리당의 것으로 알려진 오래 된 전형적인 경우는, 똑같은 간격으로 좌우에 하나씩 놓인 두 건초더미 사이에서

배고파 죽어가는 당나귀를 묘사했었다. 그러나 실제 당나귀는 절대로 움직이지 않는 채로 있지는 않을 것이다! 인간으로 말하자면 '아무런 생각 없이,' 어느쪽이든 상관없이 한쪽으로 움직일 것이다.

"인간은 결심보다는 우연에 의해 행동으로 옮긴다"고 언젠가 지드가 말한 것은 이러한 뜻인가? 우연이 결심을 대신할 것인가? 만약 결심이 스스로 존재하기 위해서, 상황의 모든 요소(그 자신의 가능성을 포함해서)에 대해서 그리고 예상할 수 있는 다양한 행동의 모든 결과에 대해서 알 것을 요구한다면, 그것은 사실일 것이다. 언제나 어떤 불확실성은 있다. 그러나 거기에서 멈춘다면, 그것은 자신의 비겁을 감추는 것이다. "비겁은 즐거움의 탐색과 노력에서의 도피라는 두 개의 얼굴이 있다. 행동한다는 것, 그것은 비겁과 싸우는 것이다……. 존재하는가 또는 존재하지 않는가 중에서, 자신과 모든 사물 중에서 선택해야 한다"라고 라뇨는 햄릿에게, 그리고 또한 지드에게 미리 응수하였다.(《유명한 강의와 단상》)

페기는 데카르트보다는 베르그송을 선호하는데(《베르그송과 데카르트에 관한 각서》를 보라), 그렇지만 그는 데카르트를 "너무 좋은 발걸음으로 출발한 프랑스의 기사(그러나 그는 곧 길을 잃고 헤맬 것이라고 암시)"로 묘사하였다. 그런데 불확실하고 위급한 전형적인 상황이 언급되는 곳은 《방법서설》에서이다. 여기에 숲에서 길을 잃은 여행자가 나온다. 그는 무엇을 해야 하는가? 순수한 사고도 도덕적 의도도 그를 궁지에서 구하지는 못할 것이다. 만약 움직이지 않는 채로 있다면, 그는 뷔리당이 말한 당나귀보다 더 얼간이일 것이다. **그는 우연하게 출발할 것이고, 다르게 무엇을 한다는 것은 불가능하다.** 이것은 선택할 수 있는 그의 능력을 포기하는 것인가? 데카르트에 따르면 그는 자신의 태도를 스스로 인도할 수 있고, 사건이 지배하도록 내버려두지는 않는다. 그는 제약을 극복할 것이고, 그날 저녁에 잠자리를 찾을 것이다.

그렇지만 이 기사를 '하늘에서 떨어뜨려' 숲 속 한가운데 있게 하는 대신에, 그에게 모든 자신의 현실을 부여하도록 데카르트에게 요구할 필요가 있다.

위급과 불확실성은 언제나 있다. 그러나 그것은 이 실제 인간의 실제 상황이고, 이것은 많은 것을 바꾼다.

## 1. '내 행동에 있어서 내가 할 수 있는 한 가장 단호하고 가장 확고하기'

1. '단호한'·'확고한': 자신의 지적 자서전인 《방법서설》에서 데카르트는 자신을 이렇게 묘사하였다. 먼저 그는 그의 처음 40년에 대해 썼다.(제1부) 그런 다음에 그는 어떻게 과거의 모든 철학을 일소했는가를, 그리고 진정한 철학이 시작하

는 것은 지금 그와 함께라고 기술하였다. (제2부 : 그것을 쓰기 위해서는 확고하고 과감하고 어쩌면 뻔뻔스러워야 했다.) 그리고 이제(제3부) 그는 '잠정적으로(=임시로, 우유부단을 피하기 위해)' 우리에게 그의 도덕을 피력한다. 먼저 관례와 관습에 대해 거리를 두지 말 것.(첫번째 행동원칙) 그리고 우리들의 것인 두번째 행동원칙은 확고할 것. 마지막으로 세번째 행동원칙은 스토아 철학에 만족할 것.

두번째 행동원칙만 데카르트적이다. 왜냐하면 그것은 아주 독창적이기 때문이다. **그것은 선택의 힘에 찬사를 보내고**, 첫번째와 세번째의 행동원칙에 반대한다. (첫번째의 것은 보수적이고, 세번째의 것은 수동적이다.) 더욱이 "명확하고 뚜렷한 관념의 철학자"는 그렇게 하기를 멈춘다. 그리고 확실한 사실만이 유일하게 유효한 규칙이라고 생각하는 사람(방법에 대한 그의 첫번째 계명은 "내가 그것이 그러하다는 것을 확실히 알지 못하는 한, 그 어떤 것도 진실이라고 받아들이지 않는 것"이다)이 '가장 의심스러운 의견'을 좇게 된다. 왜? 왜냐하면 존재의 모호한 상황에서는 단호하고 확고해야 하기 때문이다.

어떤 숲에서 길을 잃고서는 이쪽으로 저쪽으로 뱅뱅 돌면서 헤매지 말아야 하고, 한 자리에 멈추어 서 있지는 더군다나 말아야 하며, 같은 쪽으로 할 수 있는 한 가장 똑바로 항상 걸어야 하는 여행자들을 본받으면서……

**2. 선택은 단호하고 확고하다. 그래서 데카르트는 똑바로 간다.** 여행자는 길을 잃으면, 뱅뱅 돌지 말아야 하고 멈추어 서지도 말아야 한다. 그는 같은 쪽으로 가야 한다.

그리고 선택하도록 그들을 결정하는 것이 처음에는 혹시 우연뿐이라고 하더라도 빈약한 이유로 그것을 결코 바꾸지 말아야 한다. 왜냐하면 이러한 방법으로 만약 그들이 원하는 바로 그곳에 가지 못한다면, 그들은 최소한 끝에는 어디엔가 도착할 것이고, 그곳은 그들이 숲 한가운데 있는 것보다는 아마도 나을 것이다.

'뱅뱅 돈다'는 것은 데카르트의 물리학에서 자연의 운동을 결정하는 회오리바람에 휘말린다는 것이다. "더군다나 멈추어 서 있지 말아야 한다!" 왜냐하면 인생은 기다리지 않고(인생에 있어서 행동은 흔히 어떠한 유예도 허용하지 않는다), 우리는 이미 바쁜 세상에 있기 때문이다. 데카르트는 자신의 업적을 구성하고 발표하는 데 서둘렀다. (그는 54세에 죽었다.) 여행자들로서는 서둘러 가방도 없이 출발했다. (그들은 도착해야 하므로.) 그들은 아마도 숲 속 한가운데 있는 것보다는 나은 '어디엔가' 도달하게 될 것이다.

똑바로 간다는 것, 그것은 단호하고 집요하고 어쩌면 또한 고집스런 사람의 이미지이다. 그것은 **계속할 것을 선택하는**

**것이다.** 선택은 우선 처음에 어떤 방향으로 갈 것을 결심한 순간에 이루어졌다. 그러나 이 선택은 계속 유지되어야 하고, 처음의 선택을 간직할 것을 모든 순간에 선택해야 한다. 순간 순간마다 이것은 지속을 이루는 것으로 끝난다. 그런데 데카르트는 비연속적인 무수한 점들로 이루어진 시간의 개념을 물려 주었다.('의무의 문제'의 주제 3, §3 참고) 데카르트는 심지어 '뷔리당의 당나귀'의 상황에 처했다고 가정하기도 했다. (행동에 관한 의견 중에 "어느것이 더 많은 개연성이 있는지 우리가 알아내지 못한다고 하더라도.") **따라서 선택한다는 것은 여기서는 절대적인 행동이다.** 선택하면서 사람은 확고해지고, 또한 그러기를 각오한다.

**3. 계속하기로 각오해야 한다.** 행동원칙은 아주 웅장하게 시작되었지만("내 행동에 있어서 내가 할 수 있는 한 가장 단호하고 가장 확고하기") 부정적인 결론에 도달한다. 그래서 데카르트는 의견을 바꾸는 '허약하고 위태로운 정신'에 속하기를 원치 않았다. 그는 단호하고자 했던 것이다. 하나의 힘으로 보였던 선택은 우리들의 비참한 조건의 결과라는 것이 밝혀진다. 선택은 최악에서 벗어난 것, 즉 우유부단에서 조그만 해방을 가져다 준다. 이 열정은 '아주 나쁜' 것일 수도 있다.(《정념론》: '의무의 문제'의 주제 3, §1 참고) 그래서 데카르트는 그것에서 해방되고 싶었다. 우유부단은 '참회와 양심의 가책'

을 초래하기 때문에 나쁘다. 데카르트는 서로 다르고, 심지어 반대가 되는 두 상태를 이 표현에서 혼동하고 있다. 즉 **참회**는 잘못을 고치고 다시 저지르지 않으려는 의지를 포함하는 **풍부한 후회**인 반면, 양심의 가책은 '희망이 없는 후회'이다.(알랭, 《정의》) 파편 조각으로 된 시간에 대한 데카르트의 개념은 참회에 내포된 소망을 유발시키지 못한다. (데카르트는 선을 얻고 악을 피할 희망을 '소망'이라고 불렀다: 《정념론》) '참회'와 '양심의 가책'은 '가장 쓰라린' 열정으로서 이렇게 동일시된다.

데카르트의 결단에서 선택은, 참여에 의해 우유부단에서 빠져 나오는 존재에게 주어진 해방에 불과한 자유로운 힘을 나타낸다. 이때 참여는 우연히 이루어지고, '약하고 위태로운 정신'의 수준으로 다시 떨어지지 않으려는 필요 때문에 유지되는 것이다. 우리들 조건의 이미지는, 데카르트의 행동원칙에서 가장 독창적인 것에 의하면 길을 잃은 여행자들의 이미지이다.

## 2. 그들은 그 숲 속에서 무엇을 하려고 했을까?

1. '내 행동에 있어서 내가 할 수 있는 한 가장 단호하고 가장 확고하기': 이것은 우리들의 조건이 요구하는 끊임없는

행동원칙이다. 이해가 잘 되도록 데카르트는 숲 속에서 길을 잃은 여행자들의 상황을 설정하였다. 왜 '여행자들'인가? 그들은 하나의 무리인가? 아마도, "그들은 최소한 끝에는 어디엔가 도착할 것이다." 그렇지만 그들이 심사숙고하고 의논하고 다투는 것을 볼 수가 없다. 그런데 이것은 불가피하고 가끔은 유용하기도 할 것이다. 현실적으로 이 군중은 인류 전체이다. 대부분의 상황에서 우리는 무엇을 할 것인가를 완벽하게 알지는 못한다. '보편적 수학,' 즉 데카르트가 열망한 과학적 지식은 존재의 실재에 영향을 주지 못하지만 행동해야 한다. 따라서 우리는 **자유의 보다 낮은 단계인 이 무차별의 상태**에 처하게 되는데, 이때 "나는 어떠한 이유로도 한쪽이 아닌 다른 한쪽으로 결코 휩쓸려 가지 않는다." **그것은 지식 속에 있는 결함이지 의지 속에 있는 완벽이 결코 아니다.**(《제4성찰》)

이 두번째 행동원칙에서 데카르트는 표시를 남기고 뱅뱅 돌게 부추겨지는 인간의 조건을 묘사하였다. 그 이미지는 자연의 운동, 데카르트의 물리학에서 정확하게는 '회오리바람'에 내맡겨진 것을 암시하고 있다. 그는 이런 상황에 자신의 길을 똑바로 헤쳐 나가는 사람들의 과감함을 대조시키고자 하였다. 그는 위대한 선택, 즉 이끌리도록 자신을 내버려두지 않고 행동하는 것, 다시 말하자면 약함과 힘 사이에 선택하는 것을 상정했다. 사람들은 그렇게 되도록 동의할 때에만 자신이 휩쓸려 가게 내버려둔다. 따라서 스스로 자신을 결정해야 하고, 결정되어져서는 안 된다.('의지의 문제'의 주제 1 참고)

2. 이 묘사에 나타난 데카르트의 가정에 따르면, 인생은 **우리가 길을 잃어버린** 일종의 숲 속에서 펼쳐진다. 이 조난(타락)의 상태에서 데카르트의 본질적인 의지는, 스토아 철학자들처럼 '참고 자제하는 것'이 아니라 '주인이, 자연의 소유자'가 되는 것, 즉 지배의 의지이다. 그는 이같이 말하였다. 나는 "홀로, 그리고 암흑 속에 걷고 있는 사람과 같다."(《방법서설》) 그런데 "자연의 힘은 너무나 풍성하고 너무나 광대하다."(같은 책)

데카르트가 제안한 이미지는 복잡하고 모호한 세계를 지배하기 위해 행동하기를 선택하는 외로운 사람의 이미지이다.

그보다 1세기 전인 '근대'의 여명기에 스페인의 한 위대한 시인은 다음과 같이 썼다.

> 수많은 은총을 퍼뜨리며,
> 그는 급히 서둘러 이 숲을 지나갔다.
> 그의 얼굴을 반영하는
> 시선을 숲 위에 두면서
> 그는 아름다움으로 숲에 옷을 모두 입혔다.
> 　(후안 데 예페스,《영가》5절)

3. 우리는 실제로 어떤 세계에 있는가? '길 잃은 여행자들'은 '어떤 숲 속에' 자리잡고 있다. 그런데 이 숲 속에서 "그들은 도대체 무엇을 하려고 했을까?" 그것은 비참함이다! 음흉한 스카팽(음흉하고 간교한 신하를 상징하는 이탈리아의 극중 인물)은 연극을 해서 믿게 만든다. 결국 선택은 거의 없다! 대가를 지불해야 하고, 숲에서 빠져 나와야 한다. 숲 속 한가운데에 갑자기 있다는 것은 정확한 일일까? 모든 것이 하나도 없을까? 사르트르의 '약속 장소의 여자'처럼('의무의 문제'의 주제 2) **과거도 존재의 실제적인 조건도 존재하지 않는다.** 이 예들은 겉으로는 비유적인 표현이지만 가공적인 것에 불과하다. 즉 추상적·이론적인 상황에 삶의 색깔을 주고자 하는 것이다.

이 두번째 행동원칙의 비유적인 묘사는 환상을 불러일으키지 말아야 한다. 여행자들은 '어떤 숲 속에서' 길을 잃었다. 이것은 길이 없는 추상적인 장소이다. (17세기에는 숲은 문명화되고 작업의 흔적이 있어서 과거가 있다.) '길을 잃어서' 그들도 역시 실제 시간에 관계 없이 갑자기 그곳에 있는 것이다. 조직된 모든 장소 밖에, 지속의 흐름(과거—현재—미래) 밖에. 똑바로 가로질러 간다는 것 역시 덜 비현실적이지 않다.

그럼에도 불구하고 위급하고 불확실성이 있을 때가 가끔 있다.

# 3. 위험을 감수할 수 있기

1. 데카르트 일생에서의 한 일화는 길을 잃은 여행자들의 공통된 상황보다 더 비극적이어서, 두번째의 행동원칙과는 다른 것을 가르쳐 준다. '프랑스의 기사'는 덴마크에 있다. 그는 배를 타고 그의 하인과 같이 있다. 그 두 사람은 프랑스어로 이야기한다. 선원들은 그를 상인으로 생각한다. 그가 하인과 대화를 나누는 언어 외에 다른 말을 알고 있다고 생각하지 못하고, 선원들은 그들끼리 플랑드르어로 토론한다. "그들의 논의는 그를 때려눕혀서 물에 던져 버리고, 그의 유품으로 득을 보자는 것이었다."

데카르트는 바로 지금이라고 생각하고 갑자기 일어서서 태도를 바꾸어, 예기치 못한 대담함으로 칼을 뽑아들고 그들을 사로잡는 어조로, 그들의 언어로 말하면서 그들이 그에게 감히 모욕을 주려 한다면 그들을 찌르겠다고 위협했다……. 그들은 그에게 공포심을 가졌고, 뒤이은 경악으로 그들이 가진 유리함을 고려하지 못했다. 그러자 그들은 그가 바라는 만큼 평온히 그를 안내했다. (아드리앙 바이예, 《데카르트의 일생》)

데카르트는 그뒤에야 상황의 본질적인 측면을 파악했지만, 적절한 바로 그 순간에 취해진 심사숙고한 결단이 여기에 있지 않는가? 드물게 비극적인 상황에서 '**단호하고 확고하기**.'

**2.** 비행기 조종사들은 자신들의 직업을 배우는 데 몇 년이 걸린다. (그 이전의 준비기간을 계산하지 않더라도.) 자연적·인간적·기계적인 여러 환경에 관해 예비적으로 익혀야 할 지식들이 많다. 그것들을 익히고 나면 조종술을 연습한다. 특히 장기간의 정확한 훈련으로 '위험 상황'에서 절대적으로 긴급한 상황과, 최소한 어느 정도의 시간이 있는 상황을 구별하는 것을 배우게 된다. 첫번째 상황에서는 즉각적이고 일종의 반사작용으로 결정하고 행동해야 한다. 그것은 여러 상황 중의 하나가 아닌데, 왜냐하면 모든 상황은 특수하기 때문이다.

대부분의 경우에 비행은 큰 문제 없이 진행된다. 그렇지만 만일의 경우에 대비해야 한다. 감수해야 할 위험은 모두 동일한 유형이 아니다. 데카르트는 **적절한 순간과 확고한 행동을 포착할** 시간이 있는 위험한 상황에 처했었다.

절대긴급 상황은 **순간적으로 반응하도록 강요한다.** 깊이 생각하고 기다리는 것은 불가능하다. 사건을 파악해야 한다. 여기에 조제프 케셀이 들려 주는 한 예가 있다. 베르코르 전투 (1944)에서 그의 친구인 코뉘(러시아 출신)가 그의 부대와 함께 포로가 되었다. 그들은 모두 그 자리에서 총살당하게 되었다. 총살은 시작되었고, "나는 죽음에 완전히 체념하고 있었다"고 코뉘는 이야기를 들려 준다. 그의 차례가 돌아왔는데, 그는 그와 절벽 사이에서 한 사람이 모제르 소총을 겨냥하는 것을 보았다. 한눈에 그가 투항해서 독일군에 편입된 러시아인이라는 것을 알아차렸다. 이 러시아인은 그의 가슴 위의 한 점을 뚫어지게, "그리고 이상한 존경심을 가지고" 주시하였다. 그는 자기 가슴에 달려 있는 것이 십자가라는 것을 즉시 깨달았고, 이 러시아인이 철저한 신자라는 것을 감지하였다. 총살을 당할 찰나에 코뉘는 그 사람에게 시선을 고정시키고 **러시아어로** 외쳤다. "신을 믿는다면 쏘지 마라." 이 소리는 약동쳤고 돌진했다. "러시아인은 방아쇠를 당기지 않고 뒤로 물러서서는 죽을 운명에 처한 사람이 지나가게 내버려두었다." (《모두가 천사는 아니었다》)

모르는 작은 비행장 위를 달리고 있는데 브레이크는 듣지 않는 조종사, 그리고 코뉘와 배 위의 데카르트. 그들이 처한 상황은 위급하고 불확실한 실제 상황, 극적인 상황인 것이다.

어떠한 일반 행동원칙도 어떻게 행동하라고 지시하지 않는다. 이 사람들은 학교에서 가르치는 경우가 아니다. 각자는 위험을, **자신의 위험을** 무릅써야 한다. 우리는 모두가 어느 날 중대한 어떤 위험에 직면하게 될 수가 있다. 이때 철학은 무엇을 제안할까?

첫째 범주 : 상황은 직업생활의 한 부분이다. 그러므로 안내

자는 아리스토텔레스이다. 좋은 조종사의 덕, 그것은 탁월함이다. '숲 속에서 똑바로' 걸어가는 이미지는 타당하지 않다. '정언적 명령'이라는 행동원칙의 보편화 역시 적용 가능한 규칙이 아니다. '좋은 키타라 연주자'·'좋은 운동선수'처럼 되어야 한다. 즉 가능한 한 최고의 모습을 조금씩 획득해야 하고, 가장 개연성 있는 어려운 상황을 예견하고 그 상황을 파악하는 것을 배워야 한다. 그러나 이것으로는 아직 충분치 않다.

더욱이 모든 존재에서 돌발적으로 일어날 수 있는 갑작스러운 위험의 범주에서처럼, 모든 정신적·심리적·육체적 에너지를 '동원'할 수 있어야 한다. 그래서 공포를 피하고 유용한 기억들이 분출할 수 있도록 해야 한다. 즉 상황에 그 끝자락을 내미는 것은 도덕적인 전체 생활이다. 그것은 반사작용이 아니라 획득된 덕, 우리가 아리스토텔레스 이래 탁월함이라는 것을 아는 덕에 의해 가능해진 정확한 도전이다. 우리가 '성공했다'고 말할 수도 있는 '완성된 인간'은 대처하는 데 가장 뛰어난 사람이다. 즉 그런 사람은, 밤새 운전하고 아침에 운전대에서 자는 운전자들처럼 위험한 상황에 우선 어리석음이나 허영심으로 빠지지 않는다.

요약하면 위급하거나 불확실할 때, **우리는 우리 내면에 양성한 능력을 사용할 수 있는 것이지** 안개 속에서 곧장 앞으로 걸어갈 수 있는 것이 아니다. 직업에 대한 지식, 완수해야 할 임무의 준비, 성격과 실천적 지식의 연마, 신체의 건강, 이것들은 각자에게 달려 있다. (우리들의 한계는 흔히 생각하는 것보다 크다.) 한 마디로 말한다면, **자기 자신의 완벽의 길을 따라서 지고의 선을 향해 가는 것이다. 상위의 한계는 없**다. 이것이 존재의 가장 큰 관심 중의 하나이다.

【참고】 '능력'이 중심적인 개념인데, 이 개념은 여기에서는 기명으로 취급되어서 하나의 소유물로 생각할 수가 있다. 특히 '어떤 능력이 **우리에게 남아 있는가?**'라는 표현에서는. 주제가 결론으로 이끌어 내는 것에 대해 의문을 제기할 필요가 있다. '능력'은 하나의 수단이고, '위급과 불확실성'은 우리에게 다른 행동수단을 박탈하는가? 데카르트의 행동원칙은 너무나 고전적이어서, 그 행동원칙이 찬양하는 '결단'이 우리들의 의문에 대한 해답인지를 검토하는 것으로 시작하지 않을 수가 없다. 그런데 가능한 모든 외연을 결단에 부여하기 위해서 데카르트는 위급하고 불확실한 상황을 일반화했다. 그 이유를 찾아야 한다. 그렇게 함으로써 제시된 주제가 포함하고 있는 다양한 조건에 우리가 직면하는 상황을 분석하면서, 우리는 아주 풍부한 '능력'이라는 개념을 발견하게 될 것이다. 그때 '능력'은 외견상 소유물의 범주에서 **활동하는 주체의 실제 존재**로 넘어가게 된다.

## 주제 2

# '자아를 실현하다'라는 표현은 무엇을 뜻하는가?

'실현하다(실감하다; réaliser)'는 다른, 게다가 반대되는 두 가지 의미를 가지고 있다. 현실인 것에 대해 정확하게 고려하다(영어의 to realize에 해당)는 것과 생산하다·실행하다·창조하다('계획을 실현하다')는 것이 그것이다. 마찬가지로 '실현되다(자아를 실현하다; se réaliser)'는 객관적인 의미로는, 처음에는 싹에 불과했던 것이 심층의 고유한 본성에 점점 더 일치하게 되는 것이다. 그러나 그 반대로는 자연의 결정을 변화시키는 의지의 행위, 발아라는 식물의 은유에서 벗어나서 창조의 과감한 자유를 상정하는 의지의 행위를 가리키는 것이기도 하다.

자신의 기질에 '동의한다'는 것, 또는 '자신에 의해 자기 자신이 되어진다'는 것. 첫번째 명제가 개별적인 자연의 결정론을 상정하기 때문에 단순하게 보인다면, 두번째 명제는 **어떻게 자아를 실현할 것인가?**라는 문제를 제기한다.

어쨌든 실제로 이 두 관점이 서로 배척되는지를 알아보아야 한다. 첫번째의 '동의한다'는 것이 예정된 발전에 관해 증명된 사실이고, 두번째의 '창조한다'는 것이 절대적인 힘을 갖는 것이라면 그럴 것이다. 그러나 우리는 그것을 의심해 볼 수 있다.('의지의 문제'의 주제 1·3 참고)

우리는 '실현된다'는 것이 무엇인지를 탐구해 보아야 한다. 그것은 충일함에 도달할 수 있을까? 철학자들이 인정한 조화로운 총체성 속에서 기쁨을 경험한다면, 기쁨의 행복한 어떤 상태에서는 그것이 가능하다는 인상을 우리는 깊게 가지고 있다.(플라톤·아리스토텔레스·스피노자·베르그송 : 또한 라랑드의《철학용어집》을 참고) 그러나 경험한 것을 확인하는 것으로 충분한가? 그 진정한 실재가 무엇인지, 그것이 어떻게 구성되는지를 알아보기 위해서, 그것이 무엇이든지간에, 주어진 모든 것을 분석해야 하지 않을까?

## 1. '자신의 본성에 순응하기'는 무엇인가?

1. 우리들 각자의 내면에는 여러 가지 힘, 즉 성격·무의식·생물학적 기질 등이 활동한다. 이 전체에 우리의 의지적인 행위들이 적용되는 것이다. 그것은 이러한 행위들의 '언어'이고, 그것이 행위들을 심층으로 감춘다고 리쾨르(《의지철

학))는 평가하였다. 즉 "내가 동의하는 것은 그것이다." 그러면 불가피한 것에 동의한다는 것인가? 그것은 이러한 힘들에 의해 강요된다는 것을 의미할 터이다. 그렇다면 무의지를 우리가 있는 그대로 취해야 하는 역동적인 요소들 전체로 설정해야 하는가? (리쾨르는 결심과 노력에 대해 **'절대적인 무의지'**라는 표현을 사용한다.) 이것은 두 종류의 이상하고 서로 이질적인 실재로 인간의 본성을 구성하는 것이 된다. 즉 있는 그대로 취해야 할 주어진 것들과 정신적·자발적 능력이 그것들이다. 따라서 그것은 인간이 '절대적인 무의지'와 의지 사이에 분열되어 있다는 새로운 이원론이 될 것이다. '동의'라는 개념 속에서 이 이원성을 극복하려고 사람들은 시도한다. 그러나 그것이 단지 존재하는 것을 승낙하는 것에 불과하다면, 인간 본성은 그 속에서 발생하는 것을 확인하는 자격밖에는 가지지 못할 것이다. 그리고 존재하는 그대로인 그 본성에 따라서 자격이 실현되어 가는 것을 알 것이다. 그렇다면 그것은 그 발아에 대한 의식일 것이다.

2. 이러한 주장(사실 극단적인)에 의문을 제기하는 것은, 우선 우리 존재의 단일성에 대한 내면의 감정이다. 그러나 이 감정은 기쁨과 마찬가지로 실재에 대한 분석을 활용할 수 있는 확실한 기준이 스스로 될 수가 없다. 실재, 그것은 무엇인가? 그것은 엄격하게 개별적인 것이 아니다. 우리는 또한 사

회적인 존재이다. 그런데 존재의 사회적인 차원은 '스스로 자아를 실현하는 것'을 방해하는 강요를 도입하게 될 위험이 있다. 다른 사람, 사회조직이 필요하다는 것은 그것에 종속되는 것이다. 자아를 실현하기 위해서는 이러한 영향, 즉 베르그송이 말한 이런 부류의 '기생적 식물'을 극복해야 할 것이다.(《의식의 직접적인 소여에 관한 시론》; 위의 '의지의 문제' 참고) '극복한다'는 것은 **나의 심층적 자아가 분출하고 반발이 폭발한다**는 것이다. 반발은 강요를 일소하고, 나는 나의 힘 속에 자리를 잡는다. 그리고 나는 내 자신에 의해 자아를 실현한다. 그렇지만 이 '심층적 자아'는, 내가 그 지배자가 아닌 힘들을 통합한 전체로 환원될 수도 있을 것이다. 따라서 베르그송의 위의 저서 3장은 20년이 지난 지금, 우리가 곧 살펴볼 것처럼 교정되고 수정될 것이다. 사회적인 측면은 이국적인 식물로서가 아니라 자아와 통일되면서 자아에 스며들 것임에 틀림없다.

3. 한 존재의 '본성'은 내면의 역동적인 원칙이다. 아리스토텔레스는 그것을 《자연학》에서 보여 주었다.(운동과 휴식의 내적인, 이 존재의 본질적인 원인) 우리가 확인하는 어떤 사물의 속성은 외부에서 내면 본래의 인과율을 나타내고 있다. 또한 한 존재는 '실패'함이 없이 자신의 본성을 전적으로 실현할 때 실제로 자기 자신이 된다. 한 존재를 규정하는 것, 그것

은 따라서 '되어야 할 그것(한 조각의 화강암·참나무·고양이)'이다. 그래서 **실제로 존재하는 모든 존재에는 그 본성이 실현되어** 있다. 즉 이러한 존재는 자신의 개성적인 본성의 특수한 역동성에 의해, **자신에게만 고유한 자신의 역동성에** 의해 존재한다.

그런데 사물이나 식물·동물의 본래의 역동성은 되어야 할 그것을 각각 자발적으로 **필수적으로** 실현하는 반면, 인간에게 있어서 내적인 자발성은 필요성을 내포하지 않는다. 인간의 본성은 동물성과 이성을 결합한다. 이성은 **필요의 차원에서 의무의 차원까지 인간이 되어야 할 그것을 기른다.**('의무의 문제' 참고) 인간 행위의 명백한 속성만을 고려해도, 그 속성은 이성이 없는 사물이나 식물·동물의 속성과는 전혀 다르다는 것을 우리는 확인할 수 있다. 인간만이 자연의 실재를 변화시켰고, 그래서 새로운 물질적 자연을 실현하였다. 길이나 화면을 보기만 해도 그것이 확실한 사실임을 알 수 있다.

그러면 인간은 그렇게 해서 자신의 자아를 실현하는가?

## 2. '무상 행위' 속에서 자아를 실현하기?

1. 기술의 아주 느린 진전은 수천 년 후에야 마침내 우리가 길이나 화면에서 보는 것을 실현하였다. 사람들은 이 결과를

즐길 수도 있고, 또는 슬퍼할 수도 있다. 그런데 차로 달리면서, 텔레비전을 보면서, 컴퓨터로 놀이를 하면서 사람들은 정말로 자아를 실현하는가? 만약 그렇다면 왜 그것이 가능해지자마자 사람들은 이러한 환경에서 도피하여 '다른 곳'으로 가는 것일까? (그곳에서도, 예를 들면 스키장이나 해변에서도 사람들은 똑같은 물건을 발견하게 될 위험이 있다.) 무상으로 즐기는 그런 장소에는 다른 것이 있다고 사람들은 대답할 것이다. 즉 "폭발한다"라고 대답할 것이다. '폭발하다(s'éclater)'라는 동사는 《리트레》 사전에 의하면 '고답적이고 낡은' 것이었고, 말레르브·라 퐁텐·퐁트넬·세비녜 부인('웃음을 폭발하다') 심지어 데카르트의 작품(《정념론》)에서도 나온다. 오늘날 '폭발하다'는 '젊은' 용어에 해당되고, 사전들은 그것을 다시 다루고 있다. (그래서 《로베르》 사전은 초판에는 이 단어를 무시했다가 지금은 언급하면서 "짐승처럼 폭발하다"라는 표현을 인용하고 있다.)

법칙이나 규칙 없이 자신의 힘을 우연에 맡기는 즐거움을 위해 먼저 웃음을 폭발하고, 그 다음에 더욱 전체적으로 목적 없는 몸짓을 폭발하기. '짐승처럼?' 동물이 야만상태에 도달해 있을 때에는 아마도 그럴 것이다. 그러나 효과적인 태도를 취할 때에는 동물은 폭발하지 않는다. 이때 동물의 행위(예를 들면 사냥)를 결정하는 것은 자연적인 본능이다. 폭력이 난무하는 혼돈 속에서 '폭발한다'는 것, 그것은 아무것도 실현하지 못한다. 이런 거칠고 발작적인 소비, 즉 간헐적인 발작 다음에 사람들은 숨이 막히고 기진맥진하게 된다. 자신 밖에 있는 아무것도 실현하지 못했고, 자아를 실현하지도 못했다. '폭발한다'는 것은, 그러므로 '자아를 실현한다'는 것의 반대이다.

2. 사람들은 '무상 행위' 속에서 자신의 독자성이 실현되기를 구할 것인가? 지드는 《교황청의 지하도》에서 자기 앞에서 졸고 있는 사람을 '아무 이유 없이' 죽이는 한 여행자를 묘사하고 있다. 도스토예프스키의 《신들린 사람들》은 이유나 동기 없이, 그리고 자신에게 외재적인 목적 없이 행동하기를 원하는 한 존재, 키릴로프를 보여 주고 있다. 그런데 그는 다른 사람들과 자연의 법칙 등을 고려해야 할 것이기 때문에, 그가 완수할 수 있는 것은 어떤 업적이 아니다. 이러한 절대적인 자신의 독자성을 실현하기 위해서 그에게는 하나의 해결책밖에 없다. 그것은 머리를 총으로 쏘아 자살하는 것이다. 그가 자신의 주장을 피력하였을 때, "그러나 당신은 가장 먼저 자살할 사람이 아닙니다"라고 사람들은 그에게 반대하였다. "그들은 옳았다. 그러나 아무 동기 없이, 그리고 단지 자신의 독자성을 증명하기 위해서만 자살한 사람은 아직 없었다. 나는 그 첫번째 사람이 될 것이다."

3. '폭발한다'는 것은, 이미 일시적으로 소멸한다는 것이었다. 무상 행위는 파괴된다. 이것은 사실이고 그것을 이해해야 한다.

  자기 혼자만으로 자아를 실현하기를 원할 때, 무엇을 할 수 있을까? 각자에게 고유한 개성적인 본성은 '**절대적인 무의지**'로 간주되기 때문에 거부된다. 사람들이 어떠한 종속도 받아들이지 않기 위해 보편적이 되고자 함에 따라 그것은 그렇게 될 것이다. 따라서 개성적인 특수한 본성은 무능력의 원인이라고 사람들은 믿을 것이다. 의지가 무의지에 파고드는 것은, 강제에 의해서가 아니라 자신을 인식하는 가운데에서이다. 왜냐하면 이 인식 또한 하나의 자기 수련이기 때문이다. 이 인식은 사람들이 지금 무엇이 되어 있는가를 발견하는 데에만 그치지 않는다. 그것은 점진적이고 끈기 있는 발견 속에 **자기 자신에게 자연적으로 주어진 것을 책임지는 운동**을 포함시킨다. 이 주어진 것은 우리들의 행동에 주어진 것이지, 취하거나 버릴 어떤 소유물처럼 우리 앞에 던져진 것이 아니다. 이 주어진 것은 또한 우리 자신이다. 왜냐하면 나의 육체는 나이고('나의 것'이 아니라), 나의 상상력도 나이며, 나의 성격도 나이고, 나의 욕망도 나이기 때문이다. 나인 이 모든 것은 옛날 사람들이 아펙스 멘티스(apex mentis ; 극치, 또는 영혼의 '뾰족한 끝')라고 불렀던 하나의 중심으로 모인다. 이 중심은 다른 것들 앞에 있는 어떤 것이 아니라, 그것들의 종합적이고 활동적인 능력이고 그것들이 가진 힘들을 상호 연결하는 것이다. 그리고 그 힘들은 나의 힘들이기 때문에 나이며, 따라서 그 힘 속에서 그것들의 가능한 한 가장 좋은 것을 이끌어 내기 위해, 그리고 그것들을 완성시키기 위해 나는 행동할 수 있다.

이것은 나에게 갇혀진 고립 속에서가 아니라 다른 사람과 함께, 다른 사람의 행복을 위해, 그리고 다른 사람의 도움으로 ('의지의 문제'의 주제 2 참고) 실현된다. ("나는 자아를 실현한다.") '폭발하면서'도, 또한 무상 행위로도 자아를 실현하지 못한다. 이 두 가지 폭발은 홀로 있기를 원하고, 자아를 실현할 자기 자신의 가능성을 파괴시키기만 하는 존재의 폭발이다. '폭발한다'는 것은 일시적으로 소멸되는 것이고, 무상 행위는 파괴적일 뿐이다.

## 3. '만들기, 그리고 만들면서 만들어지기'

1. 자신의 본성에서 가장 좋은 것을 이끌어 낸다는 것, 그것을 탁월함으로 실현한다는 것, 그것은 아리스토텔레스의 도덕적 지침이었다. 그렇지만 아무도 사건을 통제하지는 못한다. 그래서 외부 세계는 가끔(자주?) 우리들의 기도에 가혹한 실패를 가한다. 예를 들어 델리움 전투(B.C.424)를 보자. 그 전

투는 엄청난 패배였다. 알키비아데스는, 어떤 대가를 치르더라도 지키겠다는 자신의 결정에 대해 조금의 의심도 아무에게 남기지 않으면서, 전반적으로 패주하는 한가운데서도 자신의 꿋꿋함을 간직하고 있는 일개 보병인 소크라테스를 길게 묘사하고 있다.(《향연》) 왜 소크라테스의 태도를 상세히 묘사했을까? 왜냐하면 실패 속에서, 재난 속에서 성공과 힘을 발견하기 때문이다. 소크라테스는 적보다 강하고, 아테네인들의 패주보다 강하다. 우리 앞에 미리 완전히 흔적이 제시된 길은 없기 때문에 나쁜 길은 땅 위에는 없다. 우리는 우리의 길을 만들고, 어려움과 어둠을 헤치고 전진한다.(베르그송, 《의식의 직접적인 소여에 관한 시론》: 주제 1 참고) 우리의 존재는 그 속에 결정적으로 나쁜 요소, 즉 '나쁜 종자'를 가지고 있지 않기 때문에 명백한 실패에도 숙명이란 없다. 날개 달린 수레의 신화(《페드르》)는 인간의 영혼이 세 가지 원칙으로 되어 있다고 묘사한다. 즉 지휘해야 하는 마부, 열심이고 순종하는 좋은 말, 그리고 말 안 듣고 과격하고 열정에 휩싸인 나쁜 말이 그것이다. 그런데 좀더 읽어보면, 길들인 끝에 마부는 나쁜 말을 꺾고 이겨서 그 말의 지나친 격정은 현실적인 힘으로 바뀌게 된다. 난폭함이 우리 내면에서 정신적인 조화를 '폭발하게' 할 때에만 실패는 나쁜 것이다. 그때 우리는 우리 앞에 나쁜 길을 내게 된다. 우리는 마주칠 용기로 명백한 실패를 좋게 만든다. 이 용기는 아펙스 멘티스 속에 모인 우리들의 모든 에너지를 활용하는 것, 바로 그것이다.

 2. 불가피한 것은 아무것도 없다. 모든 것이 항상 가능하다. 라신의 비극 속에 나오는 안드로마케(트로이의 전설적인 공주이자 호메로스의 《일리아스》의 여주인공. 에우리피데스와 라신이 다시 그녀의 이야기를 희곡으로 만들었다)의 상황을 보자. 전쟁에서 죽은 영웅이지만 그녀가 아직도 사랑하는 헥토르와의 사이에서 난 아들이 죽기를 원하지 않는다면, 자기와 결혼할 것을 피로스는 그녀에게 강요한다. 무엇을 희생할 것인가? 아들 또는 사랑? 아스티아낙스의 목숨을 구함과 동시에, 신성한 기억을 향한 자신의 신앙도 간직할 수 있게 해줄 '결백한 책략'을 만들어 냄으로써 그녀는 굴레를 벗어난다.

 지성의 재치, 마음의 관대함은 문제 자체의 용어를 진술하는 것으로는 금지된 것처럼 보였던 해결책을 완전하게 창조해 낸다.(브룅스비크, 《말의 유산, 관념의 유산》)

 3. 인간의 행동은 사물에 편입되어, 사물을 이용하는 것만큼 그것을 변화시킨다는 것을 철학자 르키에(1814-1862)는 보여 주었다. 이 외부의 업적은 또한 행동하는 존재의 변화이기도 하다. 즉 세계에서의 '창조'와 우리 자신의 '창조'는 하나가 되고 상호 의존적이 된다. '만들기, 그리고 만들면서 만

들어지기'인 것이다.(《최초 진리의 탐구》) 자유로운 모든 행위로 각자는 "세계의 일부를 이제는 이루지 않을 수가 없는 어떤 사물을 세계의 역사에 도입한다." '**세계의 역사**'라는 표현에 주목할 필요가 있다. 그것은 **세계 속에 존재하는 인물들의 세계는 역사적**이라는 것을 의미하지, 단지 우리들 앞에 놓여진 (비활동적이거나 본능에 의해 결정되는) 자연의 사물만을 의미하는 것은 아니다. 우리는 어쩌면 우리의 행위를 잊어버리지만 아무것도 사라지지 않는다. 우리 행동 각각에 개방되고 폐쇄되는 것에 관해 우리는 무엇을 알고 있는가? 개방과 폐쇄는 '언제까지나'가 아니라 필요하면 되찾아야 할 것이다.

'심층적 자아'의 반발(에 관해 심리학적으로 서술하고 나서, 20년 후에 베르그송은 우리 삶의 각 순간은 '일종의 창조라고' 보았다.(《창조적 진보》) 화가는 작품을 생산하면서 자신의 재능을 변화시킨다. 마찬가지로 각각의 행위는 우리를 수정함과 동시에 그것은 사물에도 해당된다. "우리들은 어떤 의미에서는 우리가 만드는 그것이다."(같은 책) 그리고 그것은 "자신에 의한 자신의 창조이다."(같은 책)

이것이 "자아를 실현한다"라는 표현의 본래 철학적인 의미이다. 이러한 자아 실현은 기쁨을 유발한다는 것을 이해할 수 있는데, 이때 기쁨은 어떤 사물을 변화시켰다는 즐거움이 아니라 한 단계 더 큰 완성, 생의 승리에 이르는 통로이다. (베르그송: 점점 더 높은 존재형태가 만들어지기 위해서 생은 세계에 주어진 약동이다.)

본성의 정신적 고양은 실재가 되는 데 그치지 않고, 그 반대로 인격이 완성되면서 무한한 완성 속에서 **실현된다**.

이것은 현실에서 어떻게 가능할까? 왜냐하면 인간은 자기중심적일 것이라는 의미에서, 자신의 특수성의 한계 속에 갇혀 있을 것이라는 의미에서 인간은 개성적이지 않기 때문이다. 아리스토텔레스는 우리가 이성적이고 사회적이라는 것을 알고 있었다. ('의지의 문제'의 주제 1, §2 참고) **다른 사람들에게 개방된 채로 존재하면서, 즉 다른 사람과 함께 존재하면서** 우리들 각자는 자아를 완성할 수 있고, 다른 사람들에게 더욱 친절한 인격을 제공할 수 있다. (신은 최고로 친절한 존재라고 아리스토텔레스는 말하였다.)

**【참고】** 이 문제에서 미묘한 것은, 이 문제가 심리적이면서 도덕적이라는 것이다. 게다가 '실현하다'라는 용어에는 전문적인 의미가 있다는 것을 잊지 말아야 한다.

따라서 이 표현을 철학적으로 분석해서 그 여러 가지 의미를 분류해야 하고, 동시에 그 본질적인 핵심을 찾아야 한다. 위대한 저자들이 많은 도움이 된다. 따라서 이런 유형의 모든 일반적인 주제에는 많은 철학적 소양을 가질 필요가 있다. 그러나 명제들을 나열하지 않도록 주의하기를!

**주제 3**

# 절대적으로 확정적인 선택이 있는가?

　확정적인 선택이란 언제까지나 고정된, 움직이지 않는 것이라고 할 수 있다. 이런 선택은 한 번 되고 나면 다르게 선택한다는 것은 불가능할 것이다. 예를 들어 어떤 직업을 선택한다는 것은 생애 전체를 걸고 참여한다는 일일 것이다. 고정된 선택이라는 이 개념에 관해 흔한 하나의 비유, 즉 교차로의 비유가 있다. 그럴 때 나는 어느 길을 선택할 것인가? 나는 어느 길이 좋은 길인지를 모른다. 그리고 내 선택은 선택의 외부에 있는 그 어떤 것에 의해서도 결정되지 않는다. 그 선택은 절대적이지만 완전히 닦여진 길 위에 나를 올려 놓는다.

　그렇지만 길은 공사중일 수도 있고, 돌아가게 만들 수도 있고, 심지어 가는 도중에, 더 나아가서는 길 끝에서 변경될 수도 있다. 선택을 고정시키게 하는 공간적인 비유는 시간을 추상화할 수는 없다. 그런데 시간은 변화하는 존재의 조건이다. 그래서 내가 '일생을 걸고' 선택한 직업은 철저하게 변화될 수도 있다. 나는 선택을 수정하지 않고 직업을 실제로 바꿀 수 있다. 그러면 동일한 명칭('교수')으로도 내 일은 동일하지 않게 된다. 이것은 어디에서나 그렇다. 땅에서 일하는 사람은 자신의 직업이 전혀 새로운 모습을 갖추었음을 알게 되고, 그것 또한 변화될 것이다. 공장의 노동자나 경리·경찰 등도 마찬가지이다.

그렇다면 외부 조건의 변화에도 불구하고 일생 내내 유지될 철저한 선택이라는 것이 있을 것인가? 그때에는 이 '선택한다'는 것은 내 자신을 어떤 운명 속에 고정시키는 의미일 것이다. **이 선택 다음에는 더 이상의 선택은 없을 것이고, 이 선택은 절대적인 능력을 가질 것이다.** 그래서 이 능력은 전개되면서 내 인생 전체를 실현할 것이다. 우리가 살펴볼 것처럼 (운명의 선택이라는 플라톤의 이야기) 사람들은 이것을 간혹 믿기도 했다. 그러나 선택이라는 것이, 그후에 선택할 모든 가능성을 단번에 소멸시키는 전능한 행위라는 생각을 어떻게 할 수 있겠는가?

### 1. 선택하기

1. 실제로 선택하기 위해서는 외부에서든 내면에서든 그 어떤 것으로부터도 강요받지 않아야 하고, 적어도 위협하거나 폭력을 행사하는 것에 굴복해서는 안 된다. 가끔 어떤 존재들

은 대의나 사랑하는 존재를 위해 죽기도 한다. 폭력이 고문이 되거나 두들겨맞고 상처를 입은 사람이 끝까지 버티는 일도 있다. 존재는 자신의 존재 자체를 포함해 모든 것을 참여시킨다. 이것은 단지 형리나 지배자에게 반대하고, '아니다'라고 말하기 위함일까? 이것을 증언하는 사람들(또는 순교자들)의 삶을 검토해 보면, 그들은 **반대해서가 아니라 위해서** 희생되는 것을 선택하는 것이다. **대의를 위해서, 그들이 자신의 생명을 내어주는 존재나 존재들을 위해서.**

어떤 값을 치르고라도 자신의 생명을 보존하는 것은 인간에게 최고의 가치가 될 수 없다. (신경정신학자 골드스타인은 《조직의 구조》에서 그것을 증명하였다.) 선택의 극단에서는 극단적인 힘이 나타나지만 그것은 고립된 사람, 살아 있는 '대자'의 힘이 아니다. 그것은 개별적인 독자성을 확립한다고 주장하는 '무상 행위'에 반대되는 것이다.(주제 2 §2 참고) 순교자는 키릴로프처럼 떠벌리지 않는다. 그는 몸을 바칠 뿐이다. 여기에서 마지막 선택은 확정적이고, 운명은 고정된다.

2. "죽음은 삶을 운명으로 변화시킨다."(말로, 《희망》) 그러므로 존재는 그 종말까지 가야 한다. 생명의 완전한 지속 속에서만 진정한 완수가 있으므로, **완수란 완성의 관념을 내포하고 있다.** (이것이 아리스토텔레스가 《니코마코스 윤리학》에서 설명하고 있는 것이다.) 그런데 그것의 전개를 이해하는 것이

가능한가? 그것은 무질서한가, 아니면 논리적인가? 우리의 개인적인 삶에는 어떠한 통일성도 없는가?

《국가》의 마지막 이야기에서 플라톤은, 명부(신성한 장소, 지옥과 혼동하지 말 것)에서 다가올 지상에서의 운명을 선택해야 하는 영혼들을 묘사하였다. 그 영혼들 앞에는 대단히 다양하고 수많은 '운수'가 있다. "각자는 자신의 선택에 책임이 있다. 신은 무고하고 관계가 없다." 첫번째 영혼이 가증스러운 전제적 권력을 급히 선택하는데, 그의 생애는 공포의 연속일 뿐이다.

3. 이 이야기에 내포되어 있는 관념은 우리들의 개인적인 운명에 관한 관념이다. 원했든 아니면 감수해야 했든, 가장 심각한 변화를 겪고도 우리들의 존재에는 통일성이 있다고 각자는 느낀다. '나의' 어린 시절, '나의' 젊은 시절, '나의' 학창 시절, '나의' 졸업장들, '나의' 친구들 등등 계속되는 모든 측면들은 정확하게 측면들이다. 왜냐하면 나는 명시적으로 생각하지 않을 때라도 그 측면들을 나라는 인물에 관련짓기 때문이다. 이런 이유 때문에 운명의 선택이라는 플라톤의 이야기는 다른 사상가들에게서 다른 표현으로 재등장한다. (예를 들면 칸트의 '실체적 선택.') 숨겨진 통일성이라는 것이 사건, 생의 실현을 접합시킨다.

하나뿐인 그리고 확정적인 선택이라는 개념은, 개인의 존재의 일관성을 확인하고자 하는 욕구와 가능한 한 가장 큰 능력을 자유에 주고자 하는 욕구에 일치한다. 그것은 존재의 논리라는 것의 결과이다.

그러나 사실은 논리를 넘어선다. 자크 페슈라는 한 인물의 예를 살펴보자. 이 사람은 우선 '타고난 범죄자'의 이미지를 준다. 그는 아내와 자식을 버리고, 그의 어머니가 준 돈을 탕진하고서 도둑질을 계획하였다. 그것이 잘못되어서 페슈는 사람을 망치로 때려눕히고 경찰을 죽이게 되었다. 감옥에서 그는 전환되어서 도덕적으로, 정신적으로 향상한다. 전환은 존재의 급변인 것이다. (고대 그리스에서는 변화의 개념을 내포하는 메타노이아(meta-noia)라는 용어를 썼다.)

따라서 **우리들의 자유는 살아 있고**, 시간적이라는 것을 인정해야 한다. 플라톤의 이야기는 생의 실제적인 지속을 제거하면서 개인의 통일성을 굳히기 때문에 틀린 것이다. 그것은 잠시 환상을 만들어 내지만 중요한 것은 우리들 존재의 조건이다. 그렇지만 우리들의 자유가 확정적인 선택에 **의해 고정**되지 않는다면, 우리들의 자유는 확정적인 상태를 **지향할** 수 있는 능력이 있는가?

## 2. 확정적으로 선(善) 안에서 존재하기

1. 감옥에서 자크 페슈의 전환은, 그가 처형대에 오르기 (1957년 9월 30일과 10월 1일 사이의 밤) 직전에 있었다. 처형대에서 그는 죄값을 치르는 것(보상되는 것)과 그리스도에게로, 즉 천국으로 가는 것 두 가지를 염원하였다. 종교적 전환(개종)의 신비는 신앙심의 신비에 포함되지만 자크 페슈의 존재는 이제 그 종말에 다다랐고, 종말이 완전히 가까이 왔으므로 그의 존재는 거의 시간 밖에 놓여지게 되었다. 이러한 사실에 직면해서 철학은 일어난 일을 확인할 수 있을 뿐이지, 그것을 설명할 수 있는 능력도, 그 길을 가르쳐 주고 알려 줄 이성적인 수단도 없다. 왜 이러한 것이 철학을 비켜 가는가? 그 이유는 만약 철학이 그것을 설명한다고 믿는다면, 우리가 통제할 수 있을 요소들, 우리의 지속이 전개되는 가운데 위치하고 있을 요소들로 철학은 그것을 귀결시킬 것이 틀림없기 때문이다. 그런데 확정적인 전환에서 사람들이 확인하는 것은 결정적으로 시간으로부터 벗어나는 것이나 가파른 향상이지, **다시 추락할 위협을 받고 있는 덕 속에서의 진전이 아니다.** 아리스토텔레스는 종말을 기다리라고 우리에게 지혜롭게 충고하였다.

2. 그러면 현인은? 스피노자는 완벽하고 대단히 행복한 자유의 상태를 묘사하지 않았던가?

지복은 덕의 보상이 아니라 덕 그 자체이다. 그것은 우리를 기쁘게 하는데, 그것은 우리가 즐거움에의 유혹을 억누르기 때문이 아니라 그 반대로 우리가 이 유혹을 억누를 수 있는 기쁨 속에 살기 때문이다. (《윤리학》)

이 명제를 증명하면서 스피노자는 (무질서한) 즐거움에의 유혹을 억누를 수 있는 능력이 지복과 함께 **일어난다**고 밝히고 있다. 다시 말하자면 완벽한 선의 능력은 다시 추락하는 것을 막아 준다. 마지막 주석은 얼마나 **현인이 힘이 있는가**를 강조하고 있다. 이 지복으로 인도하는 길은 그것을 발견하지 못함에 따라 대단히 어려워 보인다.

그것을 어떻게 발견할 것인가? 우연으로 가고, '사건에 의해 동요되는'(마지막 주석) 사람들의 슬픈 존재에서 어떻게 빠져 나올 것인가? 현인은 "감정에 거의 이끌리지 않는다"고 이 마지막 주석은 말하고, "그것을 있는 그대로 고려하는 범위 안에서"라고 밝히고 있는데, 그것은 **실제로 존재하는 것** (예를 들면 스피노자 자신)은 **지혜와 완벽하게 일치하지 않는다**는 것을 뜻한다. "그는 거의 이끌리지 않는다"는 것은, 즉 그는 그 자신에게서 감정의 모든 혼란을 소멸시키지 못했다는 것이다. 그는 아직 시간 속에 살고 있는 것이다. "신만이 지혜롭다"고 피타고라스는 말했었다.

3. 선 안에서 확정적으로 고정된 선택은 선택할 수 있는 능력을 사라지게 할 것이고, 그 능력은 단지 일시적인 조건에 불과할 것이다. 열정과 선의 의지가 투쟁하는 곳에 선택을 위치시켜야 할 것이다. 이 대립은 불완전한 자유의 조건일 것이다. 실제로 자유롭게 되었다는 것은, 따라서 이 선택의 장에서 수직으로 빠져 나온다는 뜻일 것이다.

자유의지는 사라질 것이고, 선과의 결합은 완전하게 될 것이다. 성인의 이러한 자유를 증명하기 위해서 사람들이 참고로 삼는 신비주의자들의 증언에 이것은 일치하는가? 《도덕과 종교의 두 원천》에서 베르그송은, 간혹 격렬한 반대에도 불구하고 신비주의자들이 시간 속에서 이루어 내는 대단히 중요한 실현을 묘사하였다. 그는 그들에게서 "행동에의 취향, 상황에 적응하고 재적응하는 재능, 가능한 것과 불가능한 것의 예언자적인 구별 등에 의해 나타나는 지적인 강건함과 복잡함을 이겨내는 단순명료한 정신, 뛰어난 양식" 그리고 건강을 발견하였다. 따라서 그들은 여전히 인간의 시간 속에 있는 것이다. 비트 형제가 살해되었을 때, 스피노자는 '신성한 노여움'에 사로잡히고 자신의 생명을 위험에 빠뜨리지 않았던가? (그의 후원자가 그를 감금함으로써 그의 생명을 구했다.)

그러므로 신비주의자인 성 베르나르의 말을 들어 보자. '약하게만, 그리고 아주 드물게만' 영혼은 '스치듯이' 이 세상에서 신과의 축복받은 결합으로 고양된다.(《은총과 자유의지에 관하여》)

## 3. 자유의지

1. 자유의지가 사라질 수 있다는 것을 인정하는 것은 어려워 보인다. 만일 그렇다면 우리들의 자유는 선택할 수 있는 힘, 그 자체에 의해 스스로 결심할 수 있는 힘을 잃어버릴 것인가?

난관은 이 힘이 무엇으로 이루어져 있는가를 아는 것이다. 데카르트는 '무차별의 자유'라는 이름으로 우선 '가장 낮은 단계의 자유'에 관해 묘사했는데, 그 상태에서는 우리가 무지의 상황에 있기 때문에 우리는 반대의 두 가지 중에 어느것을 선택해야 할지를 모른다.

만약 내가 진실인 것과 좋은 것을 항상 명백하게 안다면, 나는 어떤 판단을 내려야 하고 어떤 선택을 해야 할 것인가를 고민할 필요가 전혀 없을 것이다. 그리고 또한 나는 전혀 무차별하지 않고, 완전히 자유로울 것이다.(《제4성찰》)

그러나 메슬란드의 의문에 대해, 그는 또 다른 설명을 한다. "대단히 확실한 이성이 우리를 한쪽으로 치우치게 할 때"라도, "반대되는 두 가지 중에 이것 또는 저것을 스스로 결정할 수 있는 적극적인 자격"은 의지 속에서 발견된다. 즉 우리는 반대편을 선택할 수 있다. "왜냐하면 명백히 알려진 선을 추구하거나 확실한 진리를 인정하기를 우리가 자제하는 것은 항상 가능하기 때문이다."(《1645년 2월 9일의 편지》)

같은 이름으로(무차별, 또는 자유의지) 이렇게 다른 두 가지 형태의 자유가 어떻게 있을 수 있는가?

**2.** 만약 두 가지 형태의 자유가 문제라면, 같은 단어는 서로 다른 두 실재를 가리키는 것일까? 그렇지만 같은 용어를 사용한다면, 그것은 두 의미 사이에 어떤 관계가 있다는 것이다. 한편으로는 부정적인 개념인 필요불가결한 결정의 부재라는 개념이 있고('의지의 문제'의 주제 1 참고), 다른 한편으로는 적극적으로 우리 인간의 본성의 일부인 이성(주제 2, §1 참고)이 잘 행동하고 잘 살 목적으로 자유롭게 스스로 결정하도록 나를 강제한다. 즉 외재성에 관해서는 절대적으로 선택할 뿐만 아니라, 나의 도덕적 내재성 안에서는 이성적으로 선택한다는 것이다. 따라서 모든 형태의 자유의 중심에는 '선택할 수 있는 힘'이 있다.

3. 힘이 무엇인지를 잊어버릴 때에만 어려움이 있다. 아리스토텔레스 이후 고전이 된 '가능태'와 '현실태'를 구별함으로써 자유를 분석할 수 있다. 힘이라는 것은 어떤 '행위'(결정·성질·상태·존재방식 등)를 수용하는 존재의 태도이다. 즉 그것은 효과적이고 생산하는 능력이 아니다. 이런 순수 태도는 그것을 실현할 수 있을 유형의 행위로 정향된다. 자유의지는 데카르트가 '자유의 단계'를 말하면서 믿었던 것처럼 효과적이고 생산하는 능력이기 때문이 아니라, 그 자체의 의지(결심하고 할 수 있는 능력)에 속하는 존재 내면의 원칙이기 때문에 하나의 힘이다. 책임지고 변화시킬(개선하거나 개악할) 우리 존재의 내면적으로 주어진 것들 속에서든, 또는 우리들의 욕구에 상응하는 것들이 생산되는 세계의 사물에 대해서든, **사실상 실현하고 행동하기 위해서 스스로 아직 빈 채로 있기로 결정할 수 있는 힘은 바로 자유의지이다.** 우리는 생산하면서 또한 우리 자신의 자아를 실현하기 때문에, 내면적으로 주어진 것들과 외부의 사물은 다같이 우리 실현의 대상이다.('만들기, 그리고 만들면서 만들어지기'; 주제 2, §3 참고)

현재 진행되고 있는 지속 안에서 우리가 존재하는 한, 선택할 수 있는 능력은 우리에게 있어서 영속적인 하나의 기질이다. 그것은 **결심할 수 있는 힘이지 참고 견딜 수 있는 힘이 아니다**(결정되지 않고 스스로 결정할 수 있는 힘). 이러한 힘을 사용할 때 우리는 자유롭게, 즉 인간적으로 행동한다. 의지에 고유한 힘은 본능의 기질이나 심리적인 것의 기질처럼 고정되고 결정된 기질이 아니다. 그것은 우리의 개인적인 참여, 즉 우리가 존재하는 동안 내내 우리의 책임하에 완수된 우리의 실제적인 행동을 가능하게 해준다. 지속은 우리 존재의 자연적인 조건이고, 그 속에서 선택한다는 것은 항상 가능하다. 종말까지 그 어떤 것도 전혀 확정적이지 않은 것이다.

**【참고】** 만약 '선택하는 것'과 '선택되는 것,' 힘과 실제의 실현을 혼동한다면, 그것은 원칙(아리스토텔레스의 의미로는 힘)과 존재라는 두 수준을 구별하지 못하는 것이다. 철학은 우선 우리에게 실재의 분석에 있어서 필요불가결한 구별을 하도록 가르쳐 준다. 즉 추상적인 실체를 위해 실재를 제거하는 것이 아니라, 그것을 그 원칙에서 이해하도록 가르쳐 준다. **원칙은 관념적인 요소이지 존재가 아니다.** 예를 들면 '힘'과 '행위'는 실제적인 생성 속에서 불가분의 원칙이고, '물질'과 '형태'는 사물(활동하는 것이든 아니든)에 통일된 원칙이다. '확정적인 선택'이라고 말하는 것은, 순수하고 비어 있는(선택할 수 있는) 힘과 구체적인('선택된') 행위 사이에 공존을 이룬다는 것이다. 그것은 혼동일 것이고, 그 표현은 분석에 있어서 일관적이지 못함이 밝혀질 것이다. 그래서 철학은 그것을 배격하고, 자유의 조건과 그 행위를 발견한다. 다소간 영속적인, 획득된 기질이 분명히 있다. 그러나 그 기질이 자유에

힘(덕, 탁월함)을 주거나, 또는 그 반대로 자유를 위축시킬 수 있다고 하더라도, 자유('선택의 힘' 또는 자유의지)를 사라지게 할 것은 결코 (본능처럼) 고착되어 버린 속성이 아니다. 그러나 문제는 선택의 개념을 분석하는 것이지, 선택의 결과를 묘사하는 것(이것은 특히 '의무의 문제'의 주제 2에서 그렇게 되었다)이 아니다. 이 개념은 '힘'의 개념으로 인도된다.

# 결론

 의지 · 의무 · 자유, 이 세 개념 각각의 의미를 파악하는 것은 각 개념이 불가분의 관계를 가지고 있는 다른 두 개념과의 관계를 살펴보는 것이다.

—— '의지'는 그 탁월함 속에서 의무의 형태를 취하고, 자유로운 참여를 내포하는 심리학적인 차원의 힘을 가리킨다.

—— '의무'는 '정언적 명령'이라는 엄격한 의미(칸트)에서는 고유하게 도덕에 속한다. 의무 속에서 우리가 스스로 확인하는 그것의 실재는, 우리는 자유롭다(우리는 우리 스스로에게 자유롭게 도덕법칙을 부과한다)는 것을 가리키고 의지적인 참여를 요구한다.

—— '자유.' 정언적 명령 속에서 발견되는 자유는 선택할 수 있는 힘을 행사하는 것이다. 이 '힘(자유의지)'은 그 자체로는 실현할 실제의 힘이 전혀 없다. 그것은 의지의 조건이고, 의지가 없다면 자유는 스스로에 의해 스스로를 결정하는 것이 아니라 자연적인 결정론에 불과할 것이다. 이 개인의 결정은 자율적이어서 의무 속에서 스스로 도덕법칙에 복종한다.

이 세 문제는 그 개념들 속에서 서로 연결되어서, 그것들은 실제로 행사하는 가운데 하나가 된다.

── **우리는 다른 사람과 함께 있고, 다른 사람을 위하기를 바란다.** 아무도 홀로 행동할 수는 없다. (독자적이고자 하는 행동 ── '무상 행위' ──은 전적으로 파괴적일 것이고, 그 원칙 속에서 스스로를 부정할 것이다.)

── **우리는 우리 자신에게 자유롭게 의무를 부과해서,** 가능한 한 가장 좋은 세계를 유일하게 실현시켜 줄 수 있는 보편 법칙에 복종한다('우리' : 다른 사람들과 함께 하는 각자).

── 우리는 가능한 한 가장 완벽한 자격을 획득하도록 우리 자신에게 의무를 부과한 다음에, 우리들의 책임하에 **우리들의 위험을 자유롭게 감수한다.** 그것은 기쁨(주체와 주체가 함께 사는 사람들의 보다 큰 완성으로의 이행 ── 스피노자)을 얻게 해주는 '다른 사람을 위한' 봉사와 헌신 가운데, 개인의 완성이라는 우리들의 욕구를 만족시키기 위한 것이다. 이것은 또한 자신의 충실성을 버리는 것이 인간에게 합당하지 않은 이유이기도 하다.

이 세 가지 문제의 살아 있는 실재는 따라서 '**함께 하는 존재**(독일인들은 mit-sein이라고 쓴다)'이다. 대자(사르트르)의 개념은 의식의 추상적인 방향만을 가리킬 수밖에 없고, 대자는 의식에 의해 자신의 내재성의 가치를 발견하면서 자신의 개인적인 위엄을 확인한다. 반면에 사물은 활동적이든 비활동적이든 하나의 효용밖에는 없다. 이 위엄을 다른 사람의 위엄과 관계 맺게 하기 위해서 의식은 '대자'의 자세를 취한다. 즉 우리 인간의 존재는 고독하지 않고 연대적, 즉 공동체적이다. 우리는 교섭하고 공통의 상황에 처해 있다.

자유 속에서의 우리의 의지는 선(아리스토텔레스가 표현한 그대로의 절대선, 또는 지고선)의 완성 속에 고정되어 있지 않기 때문에, 우리 존재의 근본적인 법칙(이성법칙, 또는 도덕법칙)은 의무('정언적 명령')의 형태를 취한다. 그러므로 우리의 운명은 끊임없이 원하는 바에 따라서 선택하는 것이다. 우리는 어떤 의미에서는 항상 '가능태'이다. 다시 말하자면 우리는 다른 사람과 함께, 다른 사람 덕분에, 그리고 다른 사람을 위해 현재화하기(실현하기) 위해 산다. 그 어떤 것도 고독하지 않을 뿐만 아니라, 그 어떤 것도 확정적이지 않다.

'의지'·'의무'·'자유'는 공동체적인 실제 인간의 존재 속에 통일되어서, 그 극치인 아펙스 멘티스라는 중심을 가진다. 이 통일점으로 그것들의 관계를 이해할 수 있다. 즉 그 통일점을 파악하는 지적인 통찰 속에서, 우리들 각자의 정신은 자신의 탁월함에 관해 인간적(다른 사람들의 탁월함과 공통적)이고 개인적(독특하고 공동체적 존재 속에서는 대체가 되지 않는) 개념을 가지게 된다. 이 통찰은 지적인 영역의 것이고, 철학은 인생에서 만나는 여건들을 이해하고 분석하기를 추구하는 지성의 작업이다.

바로 이 중심(또는 극치)을 통해서 우리는 진실로 교섭하는 것, 다시 말하자면 우리가 우리의 연구와 발견·행위·업적 등을 공동으로 두는 것이다. 필요하다면 우리 자신에게 스스로 의무를 부과하고, 우리들의 운명이 지속되는 동안 내내 실현되는 이 임무에 자유롭게 우리 자신을 헌신하면서, 우리가 가장 본질적으로 원하는 것은 바로 정신적인 교섭이다. 또한 이 운명은 인격과 영구적인 관계를 맺는 점에 있어서는 하나이면서, 시간 속에서 그리고 공동체 속에서 전개되는 점에 있어서는 다양하다.

# 용어집

**기준**(Critère) : 알아볼 수 있게 하는 것('진리' 참고).

**능력**(Pouvoir) : 1) 동사로는 할 수 있다. 2) 명사로는 힘(1의 의미로 실현하는 힘).

**덕**(Vertu) : 탁월함(그리스어로는 아레테(arete)). 첫번째 의미는 용기, 두번째의 일반적인 의미는 잘 행동하도록 인도하는 획득된 기질.

**동기**(Mobile) : 어떤 행동을 완수하게 부추기는 내면의 힘.

**동기부여**(Motif) : 어떤 행위를 설명하거나 정당화하는 생각.

**명령**(Impératif) : 명령(의무). 1)가정적으로는 어떤 목적을 획득하기 위해 어떤 수단이 사용되어**져야 한다**고 상정하는 것("신뢰를 얻으려면 거짓말을 하지 마라"). 2) 정언적으로는 자기 자신에 의해 이성적으로 스스로에 부과하는 것. "행동원칙이 보편법칙이 되는 것과 동시에, 네가 원할 수 있게 해주는 행동원칙에 따라 항상 행동하라."(칸트: '행동원칙'과 '법칙' 참고)

**무상 행위**(Acte gratuit) : 자신의 절대적인 자유를 입증하기 위해 특별한 동기도 없이 이루어진 행동.

**무차별의 자유**(Liberté d'indifférence) : 동기나 이유와 무관하게 자기 스스로 결심할 수 있는 능력. '자유의지'와 동의어.

**법칙**(Loi) : (도덕적 의미에서) 행동의 객관적 원칙.

**복종**(Soumission) : 두 경우가 있다. 1) 만약 위협이나 폭력이 순종하도록 강제한다면, 강요에 의해. 2) 이성적으로 자기 자신에게 의무를 부과한다면, (도덕적) 의무에 의해('정언적 명령' 참고).

**본성**(Nature) : 적극적인 속성으로 고려된 어떤 것의 본질. 존재의 역동적인 내면의 원칙.

**본질**(Essence) : 어떤 사물이 추상적으로 고려된 그 본성에 있는 것. 즉 그 스스로 관념적인 것.

**본질**(Quiddité) : 의문에 대한 대답(그것은 무엇인가?) = 장기화할 수 있는 과정(예를 들면 과학)에서 우리가 어떤 사물에 대해 알 수 있는 것. 사물의 본질(essence; 그 스스로 존재하는 것이고, 우리가 그 한계를 아는 한도 내에서 그에 관해 유효한 통찰을 가진다고 하더라도 전체적으로는 우리가 접근불가능한 것)과 혼동하지 말 것. 이 점에 관해서 토마스 아퀴나스는 칸트와 반대된다. (칸트에게 '사물 그 자체'는 절대적으로 이해불가능하지만, 토마스 아퀴나스로서는 점점 더 정확한 지적인 결정을 향해 우리는 진전한다.)

**선**(Bien) : 1) '지고의 선'—전체적이고 완벽한 선(아리스토텔레스에 따르면 신). 2) 선——우리가 바라는 것.

**성격**(Caratère) : 한 사람의 개별적인 본성.

**성향**(Tendance) : '충동.'

**숭고**(Sublime) : 이 앞에서 나머지 모든 것은 작다. 칸트는 숭고의 감정을 분석해서 자유의 위엄 속에서, 그리고 신적인 완벽 속에서 그 근원을 발견했다.

**승화**(Sublimation) : 성적이 아닌 인간의 실재(과학·예술·종교 등)를 설명하려고 프로이트가 시도한 막연한 개념. 그에 따르면 충동은 '숭고한' 업적을 생산하기 위해 그 목표에서 멀어지게 된다.

**실체**(Substance) : 존재하는 존재. 소크라테스는 하나의 실체였다. 신은 스스로 (그 홀로) 존재하기 때문에 최초라는 의미에서 하나의 실체이다.

**실체적 존재**(Entité) : 1) 원래의 의미로는 어떤 것의 본질. 2) 흔히 쓰이는 냉소적인 의미로는 어떤 것에 관해 가해진 추상(예: "병은 하나의 실체적 존재이다")

**원칙**(Principe) : 1) 근원·원천·근본. 2) 철학적 분석이 구별은 하지만 분리하지 않는 존재의 요소(이 의미로는 원칙은 존재가 아니다). 예를 들면 '물질'·'형태'·'행위'·'힘.'

**의견**(Opinion) : 진실을 파악하지도 못한 채 사람들이 반복하거나 우리 스스로에게서 생겨나는 제안. 그것은 진실일 수도 있고 틀릴 수도 있으나 사람들은 그것을 모른다.

**의무**(Devoir) : 1) 되어야 하는 것(예를 들면 미래) 2) 스스로 부과하는 도덕적 책무(칸트; '정언적 명령' 참고).

**의지**(Volonté) : 1) 자기 자신이 스스로 결정하는 인간 내면의 힘. 2) '선한 의지(칸트)' : 의무(두번째 의미)의 요구에 일치하는 의지.

**자유의지**(Libre arbitre) : 자기 스스로 결심할 수 있는 능력. 이것은 하나의 '힘(2의 의미에서)'이다.

**자율성**(Autonomie) : 자기 자신에게 자신의 법칙을 부여할 수 있는 능력. 예를 들면 도덕법칙은 자율적인 법칙이다. 반대어는 '타율성.'

**존재**(하다; Être) : 1) 부정법 동사로는 존재하다(실제로 있다). 2) 명사로는 (1의 의미로) 존재하는 모든 것.

**주의**(Attention) : 어떤 것(물건·문장·추상·인물 등)을 알고자 몰두하는 정신적 행위.

**진리**(Vérité) : 우리가 그것이 지적으로 증명됨을 이해하는 것. 정신적으로 확실한 것. 명제의 진리는 실재에 명제가 일치하는 것이다. 진리는 지적 행위 속에서 직접적으로 분별된다(진리는 그 자체의 기준이다; 스피노자). 지적인 빛은 인식된 그대로 그 자체에 대한 증거이다(아우구스티누스).

**충동**(Pulsion) : 행동하기를 부추기는 내면의 힘. '성향'과 동의어.

**타율성**(Hétéronomie) : 자신의 법칙을 외부에서 받아들이

는 상황. 반대어는 '자율성.'

**행동원칙**(Maxime) : 행동의 주관적 원칙.

**행위**(Acte) : 1) 특수한 완성(예: '가능태로' 박식했다가 교육을 받았기 때문에 '현실태로' 박식하다; '힘'을 참고). 2) 절대적인 완성: '가능태로' 있은 적이 결코 없이 스스로에 의한 행위인 순수한 행위.

**확실성**(Évidence) : 진리의 지적인 파악('진리' 참고).

**힘**(Puissance) : 1) 원래의 의미로는 자연적이거나 획득된 할 수 있는 권한(=능력의 2). 2) '원칙'적인 의미로는 '가능태(en puissance)'의 표현을 사용. (성질·기질 등을) 수용할 수 있는 능력. 예를 들면 무지한 사람은 '가능태로' 박식하다. '행위'의 1의 의미를 참고.

· 이대희(李大熙)

1959년 대구 출생. 서울대 외교학과 졸업.
프랑스 파리8대학 지정학박사.
현재 영남대학교, 한국해양대학교, 경성대학교 강사.
저서와 논문: 《지정학 입문: 공간과 권력의 정치학》(공저)
〈프랑스의 정당과 정당정치—양극화된 정당체계에서의 주요 정당과
정강정책〉, 〈제3세계란 무엇인가?—프랑스의 시각〉,
〈지역주의와 선거—그 원인과 양상의 지정학적 분석〉,
〈한국 교과서에 나타난 민족과 국가에 관한 인식:
그 기원에서 분단까지〉 등.

현대신서
2

## 의지, 의무, 자유
주제별 논술

초판발행 : 1999년 4월 20일

지은이 : 루이 밀레

옮긴이 : 李大熙

펴낸곳 : 東文選
제10-64호, 78. 12. 16 등록
서울 종로구 관훈동 74
전화 : 737-2795
팩스 : 723-4518

편집설계 : 조성희 · 한인숙

ISBN 89-8038-062-3 04160
ISBN 89-8038-050-X (세트)

## 【東文選 文藝新書】

| | | | |
|---|---|---|---|
| 1 | 저주받은 詩人들 | A. 삐에르 / 최수철·김종호 | 개정근간 |
| 2 | 민속문화론서설 | 沈雨晟 | 40,000원 |
| 3 | 인형극의 기술 | A. 훼도토프 / 沈雨晟 | 8,000원 |
| 4 | 전위연극론 | J. 로스 에반스 / 沈雨晟 | 12,000원 |
| 5 | 남사당패연구 | 沈雨晟 | 10,000원 |
| 6 | 현대영미희곡선(전4권) | N. 코워드 外 / 李辰洙 | 각 4,000원 |
| 7 | 행위예술 | L. 골드버그 / 沈雨晟 | 10,000원 |
| 8 | 문예미학 | 蔡 儀 / 姜慶鎬 | 절판 |
| 9 | 神의 起源 | 何 新 / 洪 熹 | 10,000원 |
| 10 | 중국예술정신 | 徐復觀 / 權德周 | 18,000원 |
| 11 | 中國古代書史 | 錢存訓 / 金允子 | 8,000원 |
| 12 | 이미지 | J. 버거 / 편집부 | 12,000원 |
| 13 | 연극의 역사 | P. 하트놀 / 沈雨晟 | 12,000원 |
| 14 | 詩 論 | 朱光潛 / 鄭相泓 | 9,000원 |
| 15 | 탄트라 | A. 무케르지 / 金龜山 | 10,000원 |
| 16 | 조선민족무용기본 | 최승희 | 15,000원 |
| 17 | 몽고문화사 | D. 마이달 / 金龜山 | 8,000원 |
| 18 | 신화 미술 제사 | 張光直 / 李 徹 | 10,000원 |
| 19 | 아시아 무용의 인류학 | 宮尾慈良 / 沈雨晟 | 8,000원 |
| 20 | 아시아 민족음악순례 | 藤井知昭 / 沈雨晟 | 5,000원 |
| 21 | 華夏美學 | 李澤厚 / 權 瑚 | 10,000원 |
| 22 | 道 | 張立文 / 權 瑚 | 18,000원 |
| 23 | 朝鮮의 占卜과 豫言 | 村山智順 / 金禧慶 | 15,000원 |
| 24 | 원시미술 | L. 아담 / 金仁煥 | 9,000원 |
| 25 | 朝鮮民俗誌 | 秋葉隆 / 沈雨晟 | 12,000원 |
| 26 | 神話의 이미지 | J. 캠벨 / 扈承喜 | 근간 |
| 27 | 原始佛敎 | 中村元 / 鄭泰爀 | 8,000원 |
| 28 | 朝鮮女俗考 | 李能和 / 金尙憶 | 12,000원 |
| 29 | 朝鮮解語花史 | 李能和 / 李在崑 | 15,000원 |
| 30 | 조선창극사 | 鄭魯湜 | 7,000원 |
| 31 | 동양회화미학 | 崔炳植 | 9,000원 |
| 32 | 性과 결혼의 민족학 | 和田正平 / 沈雨晟 | 9,000원 |
| 33 | 農漁俗談辭典 | 宋在璇 | 12,000원 |
| 34 | 朝鮮의 鬼神 | 村山智順 / 金禧慶 | 12,000원 |
| 35 | 道敎와 中國文化 | 葛兆光 / 沈揆昊 | 15,000원 |
| 36 | 禪宗과 中國文化 | 葛兆光 / 鄭相泓·任炳權 | 8,000원 |
| 37 | 오페라의 역사 | L. 오레이 / 류연희 | 12,000원 |

| 38 인도종교미술 | A. 무케르지 / 崔炳植 | 14,000원 |
| 39 힌두교 그림언어 | 안넬리제 外 / 全在星 | 9,000원 |
| 40 중국고대사회 | 許進雄 / 洪 熹 | 22,000원 |
| 41 중국문화개론 | 李宗桂 / 李宰碩 | 15,000원 |
| 42 龍鳳文化源流 | 王大有 / 林東錫 | 17,000원 |
| 43 甲骨學通論 | 王宇信 / 李宰錫 | 근간 |
| 44 朝鮮巫俗考 | 李能和 / 李在崑 | 12,000원 |
| 45 미술과 페미니즘 | N. 부루드 外 / 扈承喜 | 9,000원 |
| 46 아프리카미술 | P. 윌레뜨 / 崔炳植 | 10,000원 |
| 47 美의 歷程 | 李澤厚 / 尹壽榮 | 15,000원 |
| 48 曼茶羅의 神들 | 立川武藏 / 金龜山 | 10,000원 |
| 49 朝鮮歲時記 | 洪錫謨 外/李錫浩 | 30,000원 |
| 50 하 상 | 蘇曉康 外 / 洪 熹 | 8,000원 |
| 51 武藝圖譜通志 實技解題 | 正 祖 / 沈雨晟·金光錫 | 15,000원 |
| 52 古文字學 첫걸음 | 李學勤 / 河永三 | 9,000원 |
| 53 體育美學 | 胡小明 / 閔永淑 | 10,000원 |
| 54 아시아 美術의 再發見 | 崔炳植 | 9,000원 |
| 55 曆과 占의 科學 | 永田久 / 沈雨晟 | 8,000원 |
| 56 中國小學史 | 胡奇光 / 李宰碩 | 20,000원 |
| 57 中國甲骨學史 | 吳浩坤 外 / 梁東淑 | 근간 |
| 58 꿈의 철학 | 劉文英 / 河永三 | 15,000원 |
| 59 女神들의 인도 | 立川武藏 / 金龜山 | 13,000원 |
| 60 性의 역사 | J. L. 플랑드렝 / 편집부 | 18,000원 |
| 61 쉬르섹슈얼리티 | W. 챠드윅 / 편집부 | 10,000원 |
| 62 여성속담사전 | 宋在璇 | 18,000원 |
| 63 박재서희곡선 | 朴栽緖 | 10,000원 |
| 64 東北民族源流 | 孫進己 / 林東錫 | 13,000원 |
| 65 朝鮮巫俗의 硏究 (상·하) | 赤松智城·秋葉隆 / 沈雨晟 | 28,000원 |
| 66 中國文學 속의 孤獨感 | 斯波六郎 / 尹壽榮 | 8,000원 |
| 67 한국사회주의 연극운동사 | 李康列 | 8,000원 |
| 68 스포츠 인류학 | K. 블랑챠드 外 / 박기동 外 | 12,000원 |
| 69 리조복식도감 | 리팔찬 | 10,000원 |
| 70 娼 婦 | A. 꼬르뱅 / 李宗旼 | 20,000원 |
| 71 조선민요연구 | 高晶玉 | 30,000원 |
| 72 楚文化史 | 張正明 | 근간 |
| 73 시간 욕망 공포 | A. 꼬르뱅 | 근간 |
| 74 本國劍 | 金光錫 | 40,000원 |
| 75 노트와 반노트 | E. 이오네스코 / 박형섭 | 8,000원 |

| | | | |
|---|---|---|---|
| 76 | 朝鮮美術史研究 | 尹喜淳 | 7,000원 |
| 77 | 拳法要訣 | 金光錫 | 10,000원 |
| 78 | 艸衣選集 | 艸衣意恂 / 林鍾旭 | 14,000원 |
| 79 | 漢語音韻學講義 | 董少文 / 林東錫 | 10,000원 |
| 80 | 이오네스코 연극미학 | C. 위베르 / 박형섭 | 9,000원 |
| 81 | 중국문자훈고학사전 | 全廣鎭 편역 | 15,000원 |
| 82 | 상말속담사전 | 宋在璇 | 10,000원 |
| 83 | 書法論叢 | 沈尹默 / 郭魯鳳 | 8,000원 |
| 84 | 침실의 문화사 | P. 디비 / 편집부 | 9,000원 |
| 85 | 禮의 精神 | 柳肅 / 洪熹 | 10,000원 |
| 86 | 조선공예개관 | 日本民芸協會 편 / 沈雨晟 | 30,000원 |
| 87 | 性愛의 社會史 | J. 솔레 / 李宗旼 | 12,000원 |
| 88 | 러시아 미술사 | A. I. 조토프 / 이건수 | 16,000원 |
| 89 | 中國書藝論文選 | 郭魯鳳 選譯 | 18,000원 |
| 90 | 朝鮮美術史 | 關野貞 | 근간 |
| 91 | 美術版 탄트라 | P. 로슨 / 편집부 | 8,000원 |
| 92 | 군달리니 | A. 무케르지 / 편집부 | 9,000원 |
| 93 | 카마수트라 | 바쨔야나 / 鄭泰爀 | 10,000원 |
| 94 | 중국언어학총론 | J. 노먼 / 全廣鎭 | 18,000원 |
| 95 | 運氣學說 | 任應秋 / 李宰碩 | 8,000원 |
| 96 | 동물속담사전 | 宋在璇 | 20,000원 |
| 97 | 자본주의의 아비투스 | P. 부르디외 / 최종철 | 6,000원 |
| 98 | 宗教學入門 | F. 막스 뮐러 / 金龜山 | 10,000원 |
| 99 | 변 화 | P. 바츨라빅크 外 / 박인철 | 10,000원 |
| 100 | 우리나라 민속놀이 | 沈雨晟 | 15,000원 |
| 101 | 歌 訣 | 李宰碩 편역 | 20,000원 |
| 102 | 아니마와 아니무스 | A. 융 / 박해순 | 8,000원 |
| 103 | 나, 너, 우리 | L. 이리가라이 / 박정오 | 10,000원 |
| 104 | 베케트 연극론 | M. 푸크레 / 박형섭 | 8,000원 |
| 105 | 포르노그래피 | A. 드워킨 / 유혜련 | 12,000원 |
| 106 | 셸 링 | M. 하이데거 / 최상욱 | 12,000원 |
| 107 | 프랑수아 비용 | 宋 勉 | 18,000원 |
| 108 | 중국서예 80제 | 郭魯鳳 편역 | 16,000원 |
| 109 | 性과 미디어 | W. B. 키 / 박해순 | 12,000원 |
| 110 | 中國正史朝鮮列國傳 (전2권) | 金聲九 편역 | 120,000원 |
| 111 | 질병의 기원 | T. 매큐언 / 서일·박종연 | 12,000원 |
| 112 | 과학과 젠더 | E. F. 켈러 / 민경숙·이현주 | 10,000원 |
| 113 | 물질문명·경제·자본주의 | F. 브로델 / 이문숙 外 | 절판 |

| | | | |
|---|---|---|---|
| 114 | 이탈리아인 태고의 지혜 | G. 비코 / 李源斗 | 8,000원 |
| 115 | 中國武俠史 | 陳 山 / 姜鳳求 | 12,000원 |
| 116 | 공포의 권력 | J. 크리스테바 / 서민원 | 근간 |
| 117 | 주색잡기속담사전 | 宋在璇 | 15,000원 |
| 118 | 죽음 앞에 선 인간 (상·하) | P. 아리에스 / 劉仙子 | 각권 8,000원 |
| 119 | 철학에 관하여 | L. 알튀세르 / 서관모·백승욱 | 10,000원 |
| 120 | 다른 곳 | J. 데리다 / 김다은·이혜지 | 8,000원 |
| 121 | 문학비평방법론 | D. 베르제 外 / 민혜숙 | 12,000원 |
| 122 | 자기의 테크놀로지 | M. 푸코 / 이희원 | 12,000원 |
| 123 | 새로운 학문 | G. 비코 / 李源斗 | 22,000원 |
| 124 | 천재와 광기 | P. 브르노 / 김웅권 | 13,000원 |
| 125 | 중국은사문화 | 馬 華·陳正宏 / 강경범·천현경 | 12,000원 |
| 126 | 푸코와 페미니즘 | C. 라마자노글루 外 / 최 영 外 | 16,000원 |
| 127 | 역사주의 | P. 해밀턴 / 임옥희 | 12,000원 |
| 128 | 中國書藝美學 | 宋 民 / 郭魯鳳 | 16,000원 |
| 129 | 죽음의 역사 | P. 아리에스 / 이종민 | 13,000원 |
| 130 | 돈속담사전 | 宋在璇 편 | 15,000원 |
| 131 | 동양극장과 연극인들 | 김영무 | 15,000원 |
| 132 | 生育神과 性巫術 | 宋兆麟 / 洪 熹 | 20,000원 |
| 133 | 미학의 핵심 | M. M. 이턴 / 유호전 | 14,000원 |
| 134 | 전사와 농민 | J. 뒤비 / 최생열 | 18,000원 |
| 135 | 여성의 상태 | N. 에니크 / 서민원 | 근간 |
| 136 | 중세의 지식인 | J. 르 고프 / 최애리 | 18,000원 |
| 137 | 구조주의의 역사(전4권) | F. 도스 / 이봉지 外 | 각권 13,000원 |
| 138 | 글쓰기의 문제해결전략 | L. 플라워 / 원진숙·황정현 | 18,000원 |
| 139 | 음식속담사전 | 宋在璇 편 | 16,000원 |
| 140 | 고전수필개론 | 權 瑚 | 16,000원 |
| 141 | 예술의 규칙 | P. 부르디외 / 하태환 | 근간 |
| 142 | 사회를 보호해야 한다 | M. 푸코 / 박정자 | 16,000원 |
| 143 | 페미니즘사전 | L. 토틀레 / 호승희 | 25,000원 |
| 144 | 여성심벌사전 | B. G. 워커 / 편집부 | 30,000원 |

### 【롤랑 바르트 전집】

| | | | |
|---|---|---|---|
| ▨ | 현대의 신화 | 이화여대 기호학 연구소 옮김 | 15,000원 |
| ▨ | 모드의 체계 | 이화여대 기호학 연구소 옮김 | 18,000원 |
| ▨ | 텍스트의 즐거움 | 김희영 옮김 | 10,000원 |
| ▨ | 라신에 관하여 | 남수인 옮김 | 10,000원 |

## 【東文選 現代新書】

| | | |
|---|---|---|
| 1. 21세기를 위한 새로운 엘리트 | FORESEEN 연구소 / 김경현 | 7,000원 |
| 2. 의지, 의무, 자유 | L. 밀러 / 이대희 | 6,000원 |
| 3. 사상의 패배 | A. 핑켈크로트 / 주태환 | 7,000원 |
| 4. 문학이론 | J. 컬러 / 이은경·임옥희 | 7,000원 |
| 5. 불교란 무엇인가 | D. 키언 / 고길환 | 6,000원 |
| 6. 유대교란 무엇인가 | N. 솔로몬 / 최창모 | 6,000원 |
| 7. 20세기 프랑스 철학 | E. 매슈스 / 김종갑 | 8,000원 |
| 8. 강의에 대한 강의 | P. 부르디외 / 현택수 | 6,000원 |
| 9. 텔레비전에 대하여 | P. 부르디외 / 현택수 | 7,000원 |
| 11. 우리는 무엇을 아는가 | T. 나겔 / 오영미 | 5,000원 |
| 12. 에쁘롱 | J. 데리다 / 김다은 | 7,000원 |
| 14. 사랑의 지혜 | A. 핑켈크로트 / 권유현 | 6,000원 |
| 13. 히스테리 사례분석 | S. 프로이트 / 태혜숙 | 7,000원 |
| 15. 일반미학 | R. 카이유와 / 이경자 | 6,000원 |
| 18. 청소년을 위한 철학교실 | A. 자카르 / 장혜영 | 7,000원 |
| 20. 클래식 | M. 비어드·J. 헨더슨 / 박범수 | 6,000원 |
| 21. 정치란 무엇인가 | K. 미노그 / 이정철 | 6,000원 |

## 【完譯詳註 漢典大系】

| | | |
|---|---|---|
| 說 苑·上 | 林東錫 譯註 | 30,000원 |
| 說 苑·下 | 林東錫 譯註 | 30,000원 |
| 晏子春秋 | 林東錫 譯註 | 30,000원 |
| 西京雜記 | 林東錫 譯註 | 20,000원 |
| 搜神記·上 | 林東錫 譯註 | 30,000원 |
| 搜神記·下 | 林東錫 譯註 | 30,000원 |

## 【한글고전총서】

| | | |
|---|---|---|
| 1 설원·상 | 임동석 옮김 | 7,000원 |
| 2 설원·중 | 임동석 옮김 | 7,000원 |
| 3 설원·하 | 임동석 옮김 | 7,000원 |
| 4 안자춘추 | 임동석 옮김 | 8,000원 |
| 5 수신기·상 | 임동석 옮김 | 8,000원 |
| 6 수신기·하 | 임동석 옮김 | 8,000원 |

## 【李外秀 작품집】

| | |
|---|---|
| 겨울나기 | 7,000원 |
| 꿈꾸는 식물 | 6,000원 |

| | |
|---|---|
| ▨ 내 잠 속에 비 내리는데 | 6,000원 |
| ▨ 들 개 | 7,000원 |
| ▨ 말더듬이의 겨울수첩 | 6,000원 |
| ▨ 벽오금학도 | 7,000원 |
| ▨ 장수하늘소 | 6,000원 |
| ▨ 칼 | 7,000원 |
| ▨ 풀꽃 술잔 나비 | 4,000원 |
| ▨ 황금비늘(전2권) | 각권 7,000원 |
| ▨ 그대에게 던지는 사랑의 그물 | 7,000원 |

### 【趙炳華 작품집】

| | |
|---|---|
| ▨ 공존의 이유 | 5,000원 |
| ▨ 그리움 | 7,000원 |
| ▨ 그리운 사람이 있다는 것은 | 5,000원 |
| ▨ 길 | 10,000원 |
| ▨ 개구리의 명상 | 3,000원 |
| ▨ 꿈 | 10,000원 |
| ▨ 버리고 싶은 우산 | 3,000원 |
| ▨ 사랑의 노숙 | 4,000원 |
| ▨ 사랑의 여백 | 5,000원 |
| ▨ 사랑이 가기 전에 | 4,000원 |
| ▨ 아내의 방 | 4,000원 |
| ▨ 잠 잃은 밤에 | 3,400원 |
| ▨ 패각의 침실 | 3,000원 |
| ▨ 하루만의 위안 | 3,000원 |

### 【기 타】

| | | |
|---|---|---|
| ■ 甲骨文合集 (전18권) | | 60만원 |
| ■ 古陶文字徵 | 高 明・葛英會 | 20,000원 |
| ■ 古文字類編 | 高 明 | 24,000원 |
| ■ 金文編 | 容 庚 | 36,000원 |
| ■ 隸字編 | 洪鈞陶 | 40,000원 |
| ■ 古文字學論集 (第一輯) | 中國古文字學會 편 | 12,000원 |
| ■ 경제적 공포 | V. 포레스테 / 김주경 | 7,000원 |
| ■ 서기 1000년과 서기 2000년 그 두려움의 흔적들 | J. 뒤비 / 양영란 | 8,000원 |
| ■ 미래를 원한다 | J. D. 로스네 / 문 선・김덕희 | 8,500원 |
| ■ 밀레니엄 버그 | S. 리브・C. 맥기 / 편집부 | 8,000원 |